# 旅をする本

開こう、心おどる読書の扉

丸山晃

ラグーナ出版

Are you aware of “another” flow of time
while you go about your daily life?

# はじめに

本書を手に取ってくださり、どうもありがとうございます。
鹿児島にあるラ・サール中学・高等学校にて英語を教えております、丸山晃と申します。

皆さんは本が好きですか。この本を手にしてくださった方の中には、本が大好きという方も多いのではないかと思います。一方で、「本を読みたいけれどどんなものを読めばいいのかわからない」とか「本ってどう読めばいいの?」といった疑問の答えを探して、とりあえず表紙をめくってみたという方もいらっしゃることでしょう。

この本の内容を簡単に紹介しておきますね。本書はいわば「私的読書案内」です。東日本大震災で被災した町を自転車で旅したり、フルマラソンに挑戦したり、結婚したり娘が生まれたり、そういう具体的な人生の文脈の中で、「私はどんな本をどんなふうに読んできたのか」が綴られています。ですから、いわゆる「書評集」ではないし、「読書術」を解説した本でもありません。

私は、本というのは、「読みたいときに読みたいものを読む」のが基本だと思っています。興味がないのに、無理して読もうとしても続きません。なんでもそうですが、やらされてやってもつまらないですよね。何事も主体的に取り組んでこそおもしろいわけで、「この本を読んできなさい」と指示された途端にその本を読む気が失せた、という経験がある人も多いのではないでしょうか。

とはいえ、私は教員です。自分の受け持つ生徒はもちろん、多くの中高生の皆さんに、「なるべくたくさんの書物に触れて読書を楽しんでほしいなぁ」とやはり思うわけです。なぜなら、読書というのは一番基本的な学びの形の一つであり、読書ができればたいていのことは自分で勉強できるようになるといってもよいからです。


「読書の楽しさを生徒たちと共有したい」という想いで、10年前に私はある取り組みを始めました。それは、月に1回、教員から生徒たちへの読書案内冊子を発行することです。「生徒にとって身近な大人である私たち教員が、どんな本を読み、何を思ったのかを伝えていくことで、生徒たちの中に読書をより楽しむ雰囲気ができていくのではないか」と考えました。その冊子のタイトルが、「読とるまんぼう」であり、「旅をする本」です。前者は、私が初めて中学1年から高校3年まで持ち上がった65期生（２０１０年入学・２０１６年卒業）に向けて発行しました。後者は、現在も担当している71期生（２０１６年入学）に向けて発行しています。

私が最初に紹介した本はミヒャエル・エンデの『モモ』でした。あれから10年。読書案内冊子の発行は今も続いており、そのためだけではないと思いますが、読書が好きな生徒がたくさん育っていると感じます（なお、私と現代文の先生は毎回原稿を書き、それ以外の教科の先生方には年１～３回くらい寄稿していただくというスタイルで作成しています）。

本書は、その10年の歩みを辿るものです。書籍化にあたり、私がこれまでに書いた文章から80を選んで、10のテーマに沿って編集し直しました。一つの文章で1冊の本を紹介していますので、本書で紹介される本は80冊ということになります。中高生の皆さんが読んでくださることを念頭に、すべての文章に加筆・修正を施しました。しかし、内容上、自分の生徒に宛てたものをあえてそのまま載せている箇所があることをご了承ください。

「旅をする本」というタイトルについて少し触れます。すでにお気づきの方も多いかと思いますが、写真家でありエッセイストでもあった星野道夫さんの代表作の一つ、『旅をする木』（文藝春秋）を意識してつけました。私は学生時代、星野さんの著書に感動し、アラスカを一人で旅しました。それほどに、星野さんの文章が好きであり、内容に共感を覚えたのです。読書案内を発行するにあたり、大好きな星野さんの著作のタイトルを借用させていただきました。誰かが読んで感動した本が別の誰かの手に渡り、やはりその人にも影響を与えていく。そんなふうに、人から人へと本が手渡されていくイメージを喚起してくれるようで、「旅をする本」という言葉を私は気に入っています。

「教員から生徒に向けて読書案内冊子を毎月発行する」というアイディアを教えてくださったのは、兵庫県にある灘中学・高等学校の木村達哉先生です。教員になりたてで、英語の授業の進め方や生徒との接し方がわからず途方に暮れていた私に、木村先生はご自身の方法論やそれを支える哲学を惜しみなく教えてくださいました。木村先生の授業を見せていただくために訪れた灘校の控室にて、「こういう取り組みをしてんねん」と先生が渡してくださったその冊子こそが、その後10年続く「旅をする本」という取り組みの直接のきっかけです。現在に至るまで、木村先生からは日々多くのことを教えていただいています。

木村先生からいただいたアイディアを自分なりに10年、実践してきました。これまでに書いてきた原稿を読み返し改めて実感したことは、「生活の傍らにいつも本があった」ということへの感謝です。そして、「読書を織り込みながら人生を編んでいく楽しさを少しでも伝えられたらいいな」と思い立ち、本書を作りました。

紹介される本の内容ではなく、紹介する文章の内容に応じてテーマ分けしてあります。どこから読んでいただいても構いません。「おもしろそう」と皆さんのアンテナが反応するところがあれば、まずはそこから目を通していただけたら嬉しいです。

心躍る本との出会いは、皆さんを動かし、人生の深いところに影響を与えていくと思います。

本書が、皆さんと本とをつなぐ一助となれば幸甚です。

# 旅をする本――開こう、心おどる読書の扉　目次

Weaving

# 紡ぐ

Words × Narrative

言葉×物語

母語とはありがたいものです。母語があればこそ日々誰かと言葉を交わせるし、考えることができます。「風花」を知る人が、青空を背景に舞い落ちる小さな雪に気付くように、言葉を知る人は、自らの心のありようを含むこの世界をより高い解像度で見るでしょう。

私は生徒たちに、言語に対する鋭く柔らかな感性とでもいうべきものを育んでほしいと願います。言葉を「かけがえのないもの」だと認識できる感性は、人生を豊かにする源の一つだと思うからです。

## 01『日本語の歴史』山口 仲美

私たちは日々言葉を紡ぎ、文章を織ります。

この国の人たちは、そのままにすれば流れ去ってしまうひと時の想いや日々生起する出来事を、日本語で表現し、文字に書き記すことで保存してきました。書き言葉があるからこそ、時の流れに今日を刻むことができます。大災害の記録も、波紋のように生じた感情の揺れも、追憶もまた明日への思いも、全ては書かれることで残されていきます。

現代に生きる私たちは、話すのと同じ感覚で文章を書くことができます。この「話すように書く」という行為は、一見当たり前のようですが、実は先人たちが日本語と格闘し勝ち取った大いなる成果なのだと、本書を読んでよくわかりました。

著者は、日本語の歴史を「話し言葉と書き言葉とのせめぎ合い」と表現しています。万葉仮名の奈良時代から今日に至る千四百年の歴史の中で、話し言葉と書き言葉が最も近づいたのは「平安時代のひらがな文」だったそうです。「源氏物語」を生んだ文体です。

しかし、書き言葉は書かれたままの形でとどまり、話し言葉は変化します。その後の武士の世には開く一方だった書き言葉と話し言葉の距離を再び結んだものこそ、明治の言文一致運動でした。その結果として、私たちは千年ぶりに「話すように日本語を書ける時代」に生きている！　本書はその幸せに気づかせてくれます。現代とは千年ぶりに『源氏物語』を書きうる時代なのです。

日本語を大切に使って、ささやかな日々のつぶやきから骨太の論考に至るまで、たくさん読み、たくさん書かねばもったいないと思いました。

（*March 2015*）

## 02『言葉で世界を変えよう――万葉集から現代俳句へ』茂木健一郎・黛まどか

「古池や蛙飛びこむ水の音」という有名な俳句があります。この俳句に触れる私たちが「静寂に満ちた余韻」を感じるとすれば、それはなぜなのでしょうか。

俳人の黛《まゆずみ》まどかさんは、脳科学者である茂木健一郎さんとの対談の中で、「ある句を理解するために必要なのは、最後は言葉ではなく感じるという行為だ」と語っています。「古池や……」の句にしても、言葉で詠まれているのは実は「静寂」ではなく「音」です。松尾芭蕉は「水の音がした情景」を提示したにすぎません。けれども、その「音」の奥に広がる「静寂」のイメージがなぜか読み手の脳裏には立ち上がります。読み手がその「静寂」を感じることで、この句は完結するのです。

黛さんによれば、日本には古来、「静寂」を「音」で表し「光」を「影」で表す文化がありました。たとえば、月影という言葉がありますね。そしてまた、日本語における「静寂」とは決して「無音(silence)」と同義ではありません。「静寂の森」に木々の葉はそよぎ、「静寂の海」にさざ波が立ちます。静寂の世界は、決して音のない世界ではない。「静寂」という日本語に対するこのようなイメージの共有が、俳句の解釈に奥行きを与えてくれるのです。

言葉だけが感性を作るわけではありません。しかし、一つひとつの言葉の背後に豊かなイメージの広がりを持てるかどうかは、その人の感性を大きく左右しうるとも思います。だとすれば、本当の意味で言葉をよく知っていくことを通して、自らの感性を豊かにしていくことができると、いえるのではないでしょうか。古来連綿と受け継がれてきた日本語を、読書や会話を通して自分の血肉にしていくことで、それぞれの言葉に古人が託してきた情緒が自らにも刻まれていきます。「朧月夜《おぼろづきよ》」と聞いて、幼い頃の記憶や遠い日の恋心を思い出し、そっと懐かしめるようになるのです。せっかく日本に生まれ日本語で生活しているのですから、私は日本語に対して敏感かつ貪欲でありたいと願います。

本書で紹介されているエピソードですが、「情緒とは野に咲く一輪のスミレを美しいと想う心」と語った数学者岡潔は、松尾芭蕉の俳句を徹底的に読み続けた後に、世界三大難問といわれた問題を一人で解いたといいます。読書を通じ、言葉を通して自分の感性を育み続けたいと思わせてくれる一冊でした。

*(November 2010)*

## 03『物語ること、生きること』上橋菜穂子／瀧晴巳（構成・文）

昔から「書く」ことに対するあこがれだけは持っていました。しかし一編の小説も物語も生み出せぬまま、私はかなりの時間を生きてきました。「いつか書きたい」と願うだけでは夢がかなうはずもありません。何であれ夢をかなえたいと本気で思うのであれば、その夢に向けた具体的な成果を日々生み出す努力をしなければならないと、この本を読み改めて感じました。穏やかな語り口調の裏に、書き続けることに対する著者の強い想いを感じる一冊です。

上橋菜穂子さんの代表作の一つである『精霊の守り人』を読んだときの衝撃は忘れられません。物語の世界が細部に至るまで緻密に構築されていることに驚きました。登場人物の躍動感あふれる描写も、ストーリーが動いていくテンポも何もかも上手で、引き込まれて一気に読んだものです。しかし、あの時何より感動したのは、「この物語を書き継いでいく」という強い意志が、物語そのものに色濃くにじんでいたことでした。

「いったいどうすれば、ただ言葉の力だけを使って、こんな物語を生み出し続けることができるのだろう」

そんな私の疑問に著者自らが答えている本を見つけました。『物語ること、生きること』。ワクワクしながら読み進めてみれば、上橋さんがこれまでに歩んできた道程の全てを語ることが、そのまま答えになっていました。「物語は、私そのものですから」と上橋さんは言います。

上橋さんの意識は常に、「作家であること」にフォーカスされています。「自分には語る権利なんてあるのだろうか」と自問自答しながら語らずにはいられなくて、中学生の時も、高校生の時も、大学生になっても、ひたすら書いていたという上橋さん。文化人類学者として、オーストラリアの先住民であるアボリジニを研究なさっているのですが、上橋さんにとっては、フィールドで起きたことも、日常生活の中で起きたことも、経験することの全てが、最終的には「作家であること」という海へと注ぎ込んでいくといいます。喜びも悲しみも、自分の人生に生じたあらゆる出来事を、作家の視点で外側から眺め、エピソードとして語り、語る中でパン生地を膨らませるように発酵させて、その中のいくつかが最終的に物語に昇華され、書き記されて作品に変わっていくのですね。「ここまでは文化人類学者としての仕事で、ここから先は作家」といった意識は、上橋さんの中にはおそらく存在しません。全てが「作家であること」の一部なのです。何が起ころうと、ぶれずに、「自分が本当にやりたいこと」にフォーカスし続けていく生き方を、上橋さんは迷いながらも歩み抜いてきました。

かなえたい夢があるとき、願うだけではたぶん届かないでしょう。フォーカスし続け、成果を生み出し続けることで、夢は少しずつ実現へと近づきます。

夢に向けて一歩を踏み出したい時、背中を押してもらえる本だと思います。

(*February 2015*)

# 04『日日是好日──「お茶」が教えてくれた15のしあわせ』 森下典子

希望者対象の勉強会を行い、岡倉天心『茶の本』の一節を読みました。『茶の本』は、新渡戸稲造の『武士道』や鈴木大拙『禅と日本文化』とともに、日本人の手になる英文著作の傑作とされています。扱ったのは、原文“The Book of Tea”の最終部。秀吉に自害を命じられた利休が、親しい弟子たちを招き最後の茶会をしたのちに果てる、その情景を描いた部分です。欧米の人たちにとって、極東の島国がほとんど神秘のベールに包まれていた時代。天心がいかなる表現で、300年前の日本の情景を伝えようとしたのか、興味は尽きません。

おもしろかったのは、茶道具の拝見を終えたのち、利休が客人たちにその品々を一つずつ分け与えていくシーン。それらは利休の形見（souvenir）です。ここで“The bowl alone he keeps.”（彼は茶碗だけを自分の手元にとどめおく）とくる。参加者一同「あれ?」となりました。なぜ the なのでしょうか。なぜ bowl（茶碗）は単数形なのでしょう。

熟考の後に、「あ、そうか!」がやってきます。前のパートで解釈は終えたはずの一文“Each in turn is served with tea, and each in turn silently drains his cup”（一人ずつ茶が供され、一人ずつ黙って茶を飲み干す）が、つまりどういうことだったのか。改めて了解されました。

そう、この茶室に茶碗は一つしかなかった。だから、冠詞は the であり、それを「順番に」（= in turn）飲んだのですね。茶道の心得がある人にはあたりまえのことなのかもしれません。しかしそうでない場合、熟語としては知っていたはずの in turn の意味するところは、文法的な思考を媒介として初めてイメージ的に実感されるわけです。「そうか、みんなでいっせいに茶をすすったわけではなかったのか」と。

これに気づくことで、続く利休のセリフ “Never again shall this cup, polluted by the lips of misfortune, be used by man”（不幸の唇によって汚されたこの茶碗は、二度と人に触れさせてはならぬ）の凄みがよりリアルに感じられるように思います。

今回扱った部分は、量としては決して多くないですが、エピソードとしてもたいへんに興味深く、読み込むほどに味わいが増す部分です。意味を正確にとるために、文法的に道理を通そうとあれこれ考えるプロセスがあるからこそ、より深い理解に到達できる。辞書を引きまくりながら英語の文章を読む楽しみは、そんなところにもあるのではないでしょうか。

さて、これだけ書いたなら “The Book of Tea”（『茶の本』岩波文庫）を勧めてもよさそうなものですが、茶道に関連して別の本を紹介します。

『日日是好日』。

見るもの聞くものを、アタマで判断せずありのままに受け取る。茶道に精進した先に待っているのは、そんな精神の高みであるようです。もちろん簡単なことでなく、その心境を言語化するのは大変に難しいことでありましょう（これを英語でやってのけた岡倉天心や鈴木大拙といった人たちには感服するしかない）。そのあたりの機微を、本書は淡々とした味わい深い文章で伝えてくれています。具体的な体験が積み重ねられるように叙述され、読み進めるうちに茶道の本質を共有できるような気がしてきます。心が自由になったような読後感でした。

「雨の日は、雨を聴きなさい。心も体も、ここにいなさい。あなたの五感を使って、今を一心に味わいなさい。そうすればわかるはずだ。自由になる道は、いつでも今ここにある」

素晴らしい言葉だと思いませんか。掌サイズの文庫本に、こんな言葉が満ちています。

（*July 2019*）

## 05『読書間奏文』藤崎 彩織

著者の藤崎彩織さんは、４人組バンドＳＥＫＡＩ ＮＯ ＯＷＡＲＩのピアニストです。バンドメンバーとしては、ＳＡＯＲＩの名で活動されていますね。本書は、そのＳＡＯＲＩさんによるエッセイ集です。「本」をテーマに、日々の生活や思い出が綴られます。

自分を客観的に捉える視点や文章の構成に、「巧いなぁ」と思いました。デビュー前の金銭感覚やシェアハウスでの生活を綴った章では「え!? そこまでしていたなんて……!」と驚き、子どもが生まれてからの心境を読んで「女性ってそうなのかぁ……」と納得し。


精神科医で作家の帚木蓬生さんが、著書『生きる力　森田正馬の15の提言』(朝日新聞出版)の中で、良い文章を書く力は「見つめる」習慣から生まれるという趣旨のことを書いておられます。そして、文章が上手な人の職業は、例外なく、見る人、「見つめる」職業の人であると。

帚木さんによると、「見つめる」という行為は、頭脳を澄みきらせ、言葉に磨きをかけるとのこと。患者や手術野を見つめなければならない医師もなべて良い文章を書くものであるし、もし文章の下手な医師がいたら、患者をよく見ていない証拠であるといいます。

これはおそらくさまざまな職業についていえることで、日頃から生徒の様子をよく見ている先生と、手元の帳面しか見ていない先生では、書く文章に質的な差が生じても不思議はありません。私自身、教員として「見つめる」ことを心がけ、時にその力を実感してきました。例えば担任としてクラスの雰囲気に違和感を覚えるような時、焦って言葉を発するのではなく、教室の様子をじっと見つめることで自然と物事が解決に向かうことがあります。

表面だけを見てわかったつもりになり、思考停止してしまうのではなく、良いとか悪いとかいった判断を棚上げした上で、起きていることを虚心坦懐に「見つめる」。そして細やかに言葉にしていく。大切なことだと思います。「感情を定義する類の言葉は使わず、事実を忠実に描写するにとどめる」というルールで書いた日記形式の物語『悪童日記』（アゴタ・クリストフ）を想起させられます。本書においても取り上げられている作品です。

さて、日頃から曲を作っておられる藤崎彩織（SAORI）さん。彼女もやはり、「見つめる」職業の人なのでしょう。本書において彼女は、かつての自分や周囲の人たちなどを丁寧に見つめ、文章にしていくわけですが、自分のことでさえもどこか外側から冷静に見つめて記す筆致がとても心地よい。

彼女はしばしば自分の心を見つめます。

「子供を産んでから、働くことへの罪悪感があった」で始まる章（「フェミニズム批評」）があります。SAORIさんは産後2か月で仕事に復帰されたとのこと。

我が子を見ていたい気持ちと、誰にも代われない仕事につけたという誇り。また、育休をめぐる社会の状況。そういったもののはざまで揺れる自らの葛藤を、著者は一つひとつ見つめて、言葉にしていきます。その思考のプロセスを共有した上で、この章の最後の一文はこれです。

私は「大丈夫」と言いながら胸に手を当てて、ステージへと上がった。

読者もきっと「そう、大丈夫」と思えることでしょう。感情に飲み込まれることなく、起きていることを丁寧に見つめ書くことが力をくれるのだと改めて感じます。

（*May 2019*）

## 06『あいまいさを引きうけて——日常を散策するIII』清水眞砂子

著者の清水眞砂子さんは翻訳家です。ル＝グウィンの『ゲド戦記』等を翻訳されました。本書は、講演録やエッセイ、『トムは真夜中の庭で』の作者であるフィリッパ・ピアスさんへのインタビュー、鶴見俊輔氏との対談、『涙をたらした神』（吉野せい著、中公文庫）の解説など、さまざまな素材をもとに構成されています。しかし根底にある主張はおよそ一貫していて、読み進めるうちに著者のメッセージがしっかり届いてきます。

例えばこんな話が印象に残りました。それは、ル＝グウィンが、トルストイの『アンナ・カレーニナ』冒頭の一文を批判していたというエピソード。「幸福な家庭はどこも一様に幸福だけれど、不幸な家庭はそれぞれに不幸である」という有名な一文です。

批判の核心は、「その『幸福』を維持するために、どれほどの努力が必要とされているかに想いを馳せてみるべきだ」ということ。

朝・昼・晩と食事を整える。家中ゴミだらけにならないよう、掃除・洗濯をする。子どもの世話をする。仕事に出かけて日々の糧を得る。

私たちの日常生活は、そういう大変な努力を積み重ねてどうにか維持されていくものです。それは誰もが実感していることでしょう。そういう日常を維持するためのたくさんの心遣いを、「あたりまえの、なんでもない行為」とみなすような価値観に染まってはならないのではないか。つつがない日常を送るための尊い営みが持つ価値を人々が見出しにくいようにしておいて、一方で消費やイベントによって人々を追い立てまくる今の社会のあり方は、本当にこれでよいのか。

それが、「幸福な家庭はどこも一様に幸福」という言葉に異を唱えることを通して、ル＝グウィンが言おうとしたことだったのですね。いつもの日常を重ねていけることは、あたりまえのことではなく、実は大変にクリエイティブなことなのです。

清水さんは、なんでもない日常を愛おしむことがいかに私たちの人生を豊かにしてくれるか、別の角度からも説明しています。『トムは真夜中の庭で』などで知られるフィリッパ・ピアスさんの作品について、ご本人との対談の中で清水さんが語った言葉も示唆に富んでいました。私の言葉で要約すると、それはこんな内容です。

「起伏の多い日常は、それなりに大変ではあるけれど、ある意味では生きやすい。大変なのは単調な日々である。なんの事件もなく、毎日同じことの繰り返しに見える日々。そんな日が続くと、ともすれば何かおもしろいことはないかと事件や興奮を求めてしまうけれど、実はなんの変哲もなく見える日常に本当はどんなにドラマが詰まっているか。それを示してくれるのが、ピアスさんの作品」

児童文学とは、なにげない日常のとてつもない豊かさに気づかせてくれる存在。

どうでしょう、ハッとさせられませんか。

なにげないところに、豊かさは潜んでいます。最後に、大人としての自分のあり方を振り返るきっかけをくれた清水さんの言葉を記しておきます。

どの子も、とは言いませんが、ひとり居のひととき、その子どもがどんなに深い世界に生きているか、どんなに遥かな世界に思いを馳せているかを忘れて、ずかずかと子どもの内面に踏み込むことを私たち大人はしばしばやってしまいます。

教員として、また親として、子どもたちが内面にもつ世界の豊かさに思いを寄せられる大人でありたいと願いつつ、本書の紹介とします。

（*February 2019*）

## 07『現地嫌いなフィールド言語学者、かく語りき。』吉岡 乾

著者はフィールド言語学者です。

研究したい言語が話されている地へ現地調査（＝フィールドワーク）に赴き、インフォーマント（＝情報提供者、ここでは対象言語の話者のこと）から採集したデータに基づいて研究を行っています。著者の主なフィールドは、パキスタン北西部からインド北西部。ブルシャスキー語をはじめとして、周辺で話される七つほどの言語を調査・研究なさっています。

さぞや刺激的な冒険譚を拝読できるものと思いきや、著者自身は現地へ行くことを「微塵も楽しく感じていない」とのこと。行くだけで大変な時間がかかる上に、慣れ親しんだ日本のアタリマエがことごとく通用しません。

あれ？ そうなの？ それなのにどうして、七つもの耳慣れない言語を調査するためにそんなに遠くまで行くのかといえば……。

本書を読むに、それはおそらく、苦労して現地まで行き、出会った人と人間関係を築き、言葉を学び、研究して、自分でも話せるようになっていく過程が「おもしろい」からなのでしょう。その「おもしろさ」を感じ取ることが、本書を読むおもしろさであるように思います。

そのおもしろさは、フィールドワークにつきもの（と多くの人が考えている）の「秘境への旅」的なものでは断じてありません。「秘境への旅」的な要素を動機にフィールドワークに赴いても、長くは続かないものです。ヨレヨレになってバスを降りてダイレクトに人糞を踏んだり、シャツを着て違和感を覚え見てみるとイモムシが落ちてきたりという「いかにも秘境の旅的な事態」を、著者が「できることなら避けたい」と本心から思っていることはひしひしと伝わってきます。

著者をフィールドへと駆り立てているのは、あくまでその飽くなき知識欲です。著者は、自分は「積極的に『研究者』になりたかったわけではない」としつつも、「身に余る知識欲があったせいで、世の中から自分の知らない事柄を一つでも減らしたいなどと野望を抱いていたのみである」と書きます（その野望も「発作のように発言するだけの思想だった」とも添えてありますが）。「知らずにはいられない」という想いが、偶然にせよブルシャスキー語およびその周辺の言語に向いた時、終わりのない旅が始まるのは必然だったといってよいでしょう。なぜなら、「遥かなる言葉の旅は、いつだって途中でしかない」からです。

そんな著者なので、「消えゆく言語を自分の手で守りたい」などという崇高な理念を抱いてフィールドに向かっているわけでもありません。「なくなりそうなことば」と題された節には、フィールド言語学者である著者の言語観（きわめて真っ当と私には思える）、および自らの仕事に対する姿勢が記されていて、読むと背筋が伸びます。

著者は説きます。言語の言語学的な価値は、「あらゆる言語並べて等しい」。しかし、経済的価値（＝道具としての有用性）はといえば、「決して等しくなどない」と。子どもが母語を身につける際のコスト（労力）は等しくても、母語として身につけた言語が話者人口10億人を抱える言語であった場合と、話者人口10人の言語であった場合を比較すれば、前者は後者に対して「一億倍有用であるはず」とはっきり書いています。

例えば著者は、ドマーキ語が今にもなくなりそうな様子を現地で目の当たりにしています。言語学者としては、言語の消滅は回避したいわけです。それでも、「自分の価値判断の基準は当事者とは異なる」ことを肝に銘じ、ドマーキ語話者に対してドマーキ語を話すよう促したり、これを保護しようとしたりしません。

著者は記します。

僕は現地で、言語状態に対する行動を取らない。それは僕の仕事ではないと考えているからだ。では、何を仕事と考えているかと言えば、消滅する前に言語を記録することである。

このように端的に自らの仕事を定義できる姿勢は潔くかっこいいと思います。ともすれば「あれもしなきゃ、これもしなきゃ」ととめどなく「やるべき（と思われる）こと」が増えていくのが仕事というものです。いたずらに自らを消耗させないためにも、自分にとっての「仕事の軸」を定めておくことは、どこかで自分を守ってくれるような気がします。

さて、私たちにとって身近な外国語である英語は、母語話者が3億8千万人、第二言語または外国語として英語を使っている人の数は11億2千万人です。コミュニケーションの手段として有用な言語であることは間違いないでしょう。

けれども、英語だって言語学的には「数ある言語のうちの一つ」なのです。そして私が英語の授業を通して教えているのは、「コミュニケーションの手段」ではなく（そういう側面があることは否定しませんが）、母語も含めた「言葉との向き合い方」なのだと思います。言葉のおもしろさをこそ伝えたいです。

世界は多様であり、言語も多様であり、それに向き合う人のあり方もまた多様です。「言語の記録さえしっかりあれば、彼らの気が変わった際に、復興の助けになるだろう」と信じて、自らの知的好奇心に抗えない著者は、またパキスタン北部へと出かけていくのでしょう。

等身大の言葉で綴られたフィールド言語学の魅力の一端が垣間見える、興味深い本でした。

（*February 2020*）

Telling

# 伝える

Human beings × Nonfiction

人間×ノンフィクション

私たちは日々膨大な情報に接します。その全てが人間を通して発信される以上、純粋に客観的な情報などありえません。私たちはどのように情報と向き合えばいいのでしょうか。

また、世界には理不尽な苦しみに耐えて暮らしている人たちがいることを、便利で快適で忙しい生活の中で私たちはつい忘れてしまいがちです。そういう「忘れがちな世界」を懸命に伝えてくれる人たちの言葉に、真摯に耳を傾けていたいと思います。

## 08『フォト・ドキュメンタリー 人間の尊厳――いま、この世界の片隅で』林 典子

「伝えずにいられなかった何か」が、確かにそこにあったことを感じます。行く先々で、著者が出会った人たちの人生。「いま、この世界の片隅で」、苦しみにまみれながら、人としての尊厳を失うことなく必死で生きている人たち。「己の置かれた状況をどのように受け止めるか」は主観の問題でもありますから、ある人の置かれた状況を見て、第三者がたやすく「悲惨な」とか「気の毒な」などと形容してしまうことは、すべきではないのかもしれません。それでも、本書の中で著者が描いた人たちの置かれている状況は、「自分だったら耐え切れないかもな……」と時に思ってしまうほどに過酷であり、一方で「そもそもそんな現実があるのか」という驚きにも満ちたものでした。そして、そんな状況にあってなお人々が懸命に「生きている」ことの具体を、著者は伝えずにはいられなかったのでしょう。

おりしも、原稿を書いている今日は東日本大震災から3回目の3月11日。「震災と原発――日本」と題された章に描かれる、102歳で自殺した男性がいます。計画的避難区域に指定された福島県飯舘村を出なければならないという現実を前に、彼は自ら命を絶ちました。また、津波で流され、時を同じくして亡くなった一組の夫婦があります。その仮埋葬の様子を撮影した写真をめぐるエピソードの向こう側に、私たちは何を見出すのか。それはどんなに聞きたくてももう二度と聞くことのできない死者の声に耳を澄ますかのように、「その人たちの死が寂しいものでなかった」ことを証明してく

れる手がかりを探し、たぐり寄せつつ懸命に今を生きている人の姿です。

世界に目を転じてみましょう。今この瞬間、世界中のあらゆる町で、過酷な運命に抗うように懸命に生きている人たちがいます。アフリカのガンビアで独裁政権と闘うジャーナリスト。パキスタンで、硫酸に顔を焼かれた女性。HIVとともに生きるカンボジアの家族(祖母・母・息子)。著者は常に個々の人たちの生活に溶け込む努力をし、日常をともにしながら、取材を進めます。時間をかけ、日々の暮らしに寄り添いながら、写真を撮り、言葉を書きとめていきます。だからこの本の記述はとても具体的です。そして、具体的だからこそ伝わるものがあるのです。この世界に存在している問題の実情を少しでも知りたいと願うならば、「人間そのものを見ようとする姿勢」を忘れてはならないのですね。

「世界にHIV患者は○○人いる」といった統計的な数字や、各国の置かれている状況などを客観的な知識として理解することも大事でしょう。「硫酸に顔を焼かれた女性たち」と聞けば、そのセンセーショナルな響きとともに、「ああそんな現実があるのか、気の毒に」とついわかったような気にもなってしまいます。しかし大切なことは、抽象的な数字や紋切り型の見出しの向こう側で、その過酷な現実と向かい合いながら人々がどんな風に、どんな思いで日々を生きているのかを知ることではないか。どんな境遇にあろうと、そこに人間がいる限り、必ずその人の生きる姿があり、言葉があり、感情があります。それらは、この本のように具体的に著述することで初めて伝えられるものなのでしょう。

本書の著者は、フォト・ジャーナリストとして世界を歩き、人々と生活をともにする中で、きっと伝えずにはいられなくなったのだと思います。出会った人々の生きる姿勢、絶望から一歩踏み出す勇気、権力と闘う強さ、そして弱いものを守ろうとする優しさといったものを。それは著者に、他者に寄り添い、その人生に敬意を払い、きちんと見つめて理解しようとするまなざしがあるから可能になることです。「伝えたいもの」が身のうちに沸いたときに初めて、伝える手段としての言葉は力を宿し、写真は力を放ちます。

フォト・ジャーナリストである著者が出会う人たちは、いってみれば「過酷な状況」に身をおく人たちが多いわけですが、もちろん過酷な状況を生きる人生だけが語るに足るわけではありません。誰の人生にも物語があるはずで、縁あって出会った人たちの人生に敬意を払い、そこにある物語を具体的に見つめられるまなざしを、私もまた持ちたいと願わずにはいられません。

(*March 2014*)

## 09『雲は答えなかった――高級官僚 その生と死』是枝 裕和

いわゆる「エリート官僚」で、1990年当時環境庁の企画調整局長だった山内豊徳さんは、水俣病をめぐる一連の裁判の和解勧告を国の代表として拒否し続けるという境遇の中で、最後には自ら死を選びました。環境省のナンバー2として、国と被害者との板挟みになるという辛く厳しい道を歩かざるを得なかったとしても、その暗い絶望のどこかに救いはなかったのか。妻子を残し、自ら死を選ぶところまで山内さんが追い詰められなければならなかったのはなぜなのか。本書『雲は答えなかった』は、後年に映画『そして父になる』で「第66回カンヌ国際映画祭審査員賞」を受賞する是枝裕和監督が、そのキャリアの最初期に、山内さんの死をめぐる数々の疑問に突き動かされるように記したノンフィクションです。

この本の読後感が決して重苦しいだけではないのは、描かれる山内さんの人生が必ずしも苦しいばかりだったわけではないことを、読者が感じとれるからかもしれません。このドキュメンタリーの真の価値は、福祉や官僚制度をめぐる困難な問いを読者に投げかけること以上に、一人の誠実な人間の人生に読者を触れさせることにあるのだと思います。著者は、山内さんは「人間としての良心と官僚という職業の板挟みになって」しまったと記します。国家という強大なものの代弁者という立場と、社会的弱者のために力を尽くしたいという、人としての切なる願いとが、山内さんの内部でぶつかり合い、いつしかその軋みは耐えがたいほどに大きくなってしまっていた、と。

実は、山内さんの人生において、「弱い立場にある人たちを助けたい」という思いと「官僚という立場」とがうまくかみ合い、充実した仕事ができていた時期もあるのですね。愛情を上手に表現できる人ではなかったと綴られますが、家族との幸福な時間も山内さんの人生の中に確かに存在していました。夫として父として、不器用ながらも家族や自らの幸福を思って生きた山内さんの人生を語る奥さまの言葉が、本書にはしっかりと記録されていて胸をうちます。

たとえ最後は悲しい結末だったとしても、誠実に生きた人の人生の軌跡を知り、その人柄に触れることは、深いところで私に力をくれます。山内さんは最後まで「弱い立場の人たちを助けたい」という願いに誠実に生きようとしました。その人生に幾度か立ち現れてきた「しかし」という言葉は、山内さんが記した詩のタイトルでもあります。この「しかし」の持つ意味を、ぜひ本書を読んで確かめてもらえたらいいなと思います。

人は、いつかは自分の生業《なりわい》を選び、自分の人生を生きていきます。この社会には強い立場にある人もいれば、弱い立場にある人もいます。努力が必ず報われるとも限らないし、理不尽なこともたくさん起きるでしょう。「それでも……」と私は信じたいです。それでも、これから人生を歩んでいく皆さんには、充実した幸せな人生を誠実に歩んでほしい。それが、この本を読んだ私の願いです。


【追記】本書を読んで思い出した言葉があります。水俣病の被害に苦しむ人たちの救済に尽力された医師・原田正純さんの言葉。ＮＨＫのＥＴＶ特集「原田正純　水俣　未来への遺産」の中で、原田さんはこんなふうに語っておられました。私なりに要約して示します。

「自分は今まで、『患者の側に立ちすぎる』と批判を受けてきた。でも、それはありがたい批判だと思っている。考えてみてほしい。被害者と加害者と、お互いが同じ力関係であるなら、中立ということはありうるのかもしれない。けれども、両者の間に圧倒的に力関係があるときに、中立といって何もしないのは、実は強い側に協力していることになる。相手が国だったり資本だったり、圧倒的に力の差があるとき、本当の中立というのは、弱い側に立つことだ」

（*April 2014*）

## 10『国際メディア情報戦』高木 徹

毎日メディアから情報が流れてきます。情報をただ受け取って終わるのではなく、手にした情報に対して自分なりの思考や分析を加えるための視座を得たいというのが、私の読書における主たる関心事の一つです。今回紹介する『国際メディア情報戦』は、話題になったニュースの背景を解説するにとどまらず、メディアが伝える情報の「読み解き方そのもの」を教えてくれるという点で白眉でした。

「国際メディア情報戦」とは何か。著者は現代を、「メディアが作り出すイメージのうねりが世界の潮流を作っていく時代」と定義します。世界を動かすのは、「いつどこで何があった」という事実そのものではありません。出来事を伝える報道によって人々の中に作り出される「イメージ」こそが、世論を形成し、世界を動かしていきます。したがって国家であれ企業であれ、大統領選挙の候補者であれテロリストであれ、「敵」に勝つためにはメディア（とりわけＢＢＣやＣＮＮなど世界に大きな影響力を持つ「国際メガメディア」）から発信される情報の「イメージ」を、自分たちに有利なほうへ誘導することが死活的に重要になります。「グローバルな情報空間における、イメージを巡る容赦のない戦い」。それこそが「国際メディア情報戦」です。

さて、この戦いには、背後に暗躍するプロの仕事師たちがいることを知っていますか。彼らにはルールがあります。それは、やらせや捏造は決してしないということ。そして彼らは、イメージを操作するための基本的なテクニックを有しています。そのテクニックに関して本書で紹介されるキーワードは、「サウンドバイト」「バズワード」そして「サダマイズ」。具体的にはどういうものなのでしょうか。

「サウンドバイト」とは、「対象者の発言を数秒から数十秒の長さにカットしニュースの中に編集していく際の、発言の短い断片」を指します。「バズワード」は、「うるさいほどにメディアをにぎわす流行り言葉」という意味合い。その短い単語一つで、複雑な意味合いを巧みに表現し、それを聞く人の心に訴えかけます。さらに「サダマイズ」。イラクの元大統領、サダム・フセインに由来する言葉です。

国家や組織などの政策や行動を非難する際に、非難の対象が国や組織そのものだとインパクトに欠けますよね。そこで組織ではなく「顔を持った具体的な人物」を標的として選び出し攻撃対象とすると効果的なわけで、これを「サダマイズ」といいます。

1992年のアメリカ大統領選で、国家財政の赤字について質問した女子学生に答える際、現職大統領だったブッシュはチラリと腕時計を見ました。この一瞬をブッシュにとっての命取りにせしめたのは、「サウンドバイト」の威力です。20世紀終盤最大のバズワード「民族浄化(ethnic cleansing)」は、ボスニア紛争においてセルビア側を悪とするイメージのうねりを巧みに作り出しました。そしてセルビアのミロシェビッチ大統領は、「サダマイズ」され、サダム・フセインに勝るとも劣らない極悪人に仕立て上げられることになります。

さらにこんな例もあります。オサマ・ビンラディン殺害ののち、アメリカ政府が表に出した情報は極めて限定されていましたが、その中に「ビンラディンの隠れ家から大量のポルノビデオが発見された」というものがありました。単なるゴシップ情報ではありません。アメリカ政府は明確な意図をもって、あえてこのニュースを「選択して報じた」のです。政府の狙いは何だったのでしょうか?

報道は、それを「どのように伝えるのか」、また「何を伝え何を伝えないのか」を巧妙に操作することで、同じニュースであっても受け手の印象を180度変えてしまうことが可能なのだとよくわかります。それを知っておくことは、受け取ったニュースの向こう側に、伝える側のどんな意図が隠されているのかを読み解くことにつながっていくでしょう。その営みは世界の見方に確かな深みを与えてくれます。主体的にニュースに関わっていく知的興奮が、そこにはあるからです。

本書後半では、私たちが情報の送り手として国際社会に「日本のイメージ」を伝えていく際、何を大切にすればよいのかについても重要な視座が与えられます。この論考を読めば、例えば以下のようなことに思い至るでしょう。

2013年の夏、麻生副総理の問題発言がありました。民主的だったことで名高いワイマール憲法をヒトラーがいつの間にか変えていたことを引き合いに出し、「あの手口を学んだらどうか」と発言したといいます。この発言は国際社会での日本の立場を脅かすに十分です。ヒトラーを例えに出すことがどれだけ国際社会の反発を招くのか、一国の副総理はもちろん、私たち自身も「知らなかった」では済まされません。

「メディアから情報を受け取って終わり」ではなく、受け取った情報から自分なりの思考を展開させていきましょう。世界でどのようなことが行われているのかを知り、思考するための視座を手に入れるために、おすすめの一冊です。

*(July 2014)*

## 11『中東特派員はシリアで何を見たか──美しい国の人々と「イスラム国」』

津村 一史

1998年2月、津村君と私はともにラ・サール高校を卒業し、6年を過ごした鹿児島を後にしました。

二人が再会したのはそれから17年後の2015年11月、場所は鹿児島県枕崎市のバーです。パーティの開始時刻に少し遅れて到着すると、10人ほどの同級生がすでに集っていました。懐かしい顔ぶれの中に津村君も座っていて、傍らにはダンボール箱が置かれています。中には何かとても愛着のあるものが入っているのだろうと感じられました。

「おー、まる。久しぶり。」

「おー津村、お久しぶり。そして無事お帰りなさい！」

このとき箱の中に入っていたものが、出版されたばかりの彼の著書、『中東特派員はシリアで何を見たか──美しい国の人々と「イスラム国」』でした。津村君は共同通信社で記者をしています。その場で購入し、翌日読んだ本の中には、エジプトのカイロを拠点に、津村君が特派員として中東で過ごした2012年3月から3年余りの日々が丹念に綴られていました。

同書によれば、中東に赴任して間もない津村君がシリア内戦開始を報じる記事をシリアの首都ダマスカスから配信したのが2012年6月11日です。本書の記述に基づいて、その後のシリアをめぐる出来事の中でも特に私たちの記憶に残っていると考えられるものをピックアップすると、おおよそ以下のようになります。

2012年　6月　国連高官が「シリアは内戦状態にある」と初めて公式に認める
2013年　8月　ジャーナリスト山本美香さん殺害
　　　　　　　アサド政権が反体制派に対し化学兵器を使用した疑いが強まる
2014年　6月　「イスラム国」がイラク第2の都市・北部モスルを掌握
　　　　　　　政教一致国家の樹立を宣言
　　　　8月　アメリカ軍、「イスラム国」対象の空爆開始
　　　　　　　シリア北部で湯川遥菜さんが拘束されたことが明らかに
2015年　1月　「イスラム国」が後藤健二さん、湯川さんの殺害を予告
　　　　2月　後藤さんが殺害されたとみられる映像
（4月　津村君　中東特派員としての任期を終え無事に帰国）

大量の難民を生み出しながら現在まで続いているシリアの混迷は周知の通りです。津村君は、やがて世界中を震撼させていく混乱の初動を、まさに現地で体感していたのでした。現地の人たちと地道に人間関係を構築しながら、日本で目にする新聞記事やテレビ画面の向こう側で生きている人たちの

声を必死に聞き取ろうと奮闘していたことが伝わってきます。一歩間違えば命にかかわる場面もありました。

本書を読んだことで、私のシリア関連のニュースを見る目は確実に深まりました。普段ニュースを見聞きする際には、どうしても「イスラム国」に対する戦況や戦闘・空爆の結果だけを見て、伝えられたニュースを「理解」した気になってしまいがちです。しかし、戦いを伝えるニュースの背後には必ず、その地で普通の暮らしを営んでいる一般市民の苦しみがあります。そのことに対する想像力を、本書は与えてくれました。

本書の中で、取材を通して得た人々の「声」を、津村君は繰り返し伝えます。自由シリア軍の指揮官は津村君に「外国人が斬首されれば大きな国際ニュースになる。だが報道されないまま、多くのシリア人が毎日首を切られ、殺害されていることも知ってほしい」と目をじっと見据えて訴えたそうです。そんな経験を持つ日本人は、決して多くないでしょう。

また本書は、皆さんが自分の職業について考えるにあたって、「日本の新聞社に所属するジャーナリストとして現地に赴き、取材して発信する」とはどういうことなのかを知る上でも、大いに参考になると思います。世界的な取材網を持つ海外の巨大メディアは少なくありません。日本語版のサイトが充実していることも多く、そのようなメディアを追いかければある程度世界で起きていることはわかるでしょう。しかし、『国際メディア情報戦』の紹介でも書いた通り、純粋に客観的な報道というものはあり得ません。情報には常に、伝える側の意図が介入します。日本人ジャーナリストが現地に赴き、日本人のニーズに合った情報を届けようと奮闘することには大きな意味があると思います。一例として、邦人人質事件への日本政府の一連の対応をめぐる本書の検証は、非常に興味深かったことを挙げておきます。

(*February 2016*)

## 12『ルポ　難民追跡　バルカンルートを行く』坂口 裕彦

2016年5月、三重県で「第42回先進国首脳会議」(伊勢志摩サミット)が開かれました。表明された首脳宣言は、難民・移民危機を表明するため、以下のような踏み込んだ表現を使ったことでも話題になりました。すなわち、「現在進行中の移民及び難民の大規模な移動を、世界的な対応をとる必要がある地球規模の課題として認識する」と。

数字を挙げます。2015年末時点で、紛争や迫害で故国を追われた人は6530万人であるといいます。これは、イギリス、フランス、イタリア各国の総人口にほぼ匹敵する数。UNHCR(国連難民高等弁務官事務所)の表現を借りれば、「(世界の)総人口の113人に1人」が強制移動せざるを得ない状況ということになります。

背景にあるのは、ソマリアやアフガニスタンの人道問題が長期化していることに加え、シリア内戦やウクライナ危機などの新たな事態の頻発です。

2015年9月5日、「シリア難民らを無条件で受け入れる」としたメルケル首相のひと言が決定打となり、「大量の難民」が連日ドイツへと流入しました。本書において著者が密着したアリさん(30)一家もまた、同年11月にギリシャ・レスボス島からドイツを目指して欧州を北上した「難民一家」です。アリさんは少数民族ハザラ人。戦火が続くアフガニスタンから2010年にイランへ逃れ、同じハザラ人である奥さんと結婚し、4歳になる娘がいます。

アリさんたちがレスボス島を船で出発したのが2015年11月8日。「バルカンルート」を経てドイツ入りしたのが11月14日。ギリシャからマケドニア、セルビア、クロアチア、スロベニア、オーストリアを経てドイツまでを1週間弱で移動していくという驚異的なスピードは、「自国内に難民をとどめたくない」という国々の思惑を見事なまでに反映していました。

6530万人といわれても、数字が大きすぎてピンときませんね。本書の著者は、難民の現状をリアリティを持って日本の読者に伝えるため、あえてアリさんという「個人」の移動に密着するという手法をとりました。

日本のパスポートを持つ著者と、難民として移動していくアリさんとでは、入国の際の手続きなどが異なります。著者は途中でアリさんを見失ってしまい、八方手を尽くしながらアリさんを追跡することになります。その過程を率直に書くことで浮かび上がるもの。それは、アリさんたちは、日本で暮らす私たちと全く同じ、「哀しみ、悩み、喜び、笑う一人の人間なのだ」という当たり前の事実です。厳しい状況の中で懸命に前に進もうとするアリさんたちの、穏やかでしなやかな人柄が、移動のスピード感との対比において鮮明に感じられてきます。

セルビアの難民キャンプで1キロを越える行列に並ばされ、モップを手にごみの散乱する路上を掃除していたアリさん。とにもかくにもドイツにたどり着き、著者に連絡しようと奮闘してくれるアリさん。チュービンゲンで新生活を始めることができ、「難民として認められたら、ここに住みたいです」と語るアリさん。

難民問題とは、6530万人の「人間の問題」なのだと実感せずにいられません。

本書は、同時代の空間的な広がりを主に描いています。そこに時間的な奥行きを与えているのが、「贖罪のドイツ」と題された第8章です。主人公は、2015年4月に95歳で亡くなったアルベルト・ロッパーさん。ウィーン出身のユダヤ人であり、ユダヤ人大量虐殺（ホロコースト）を辛くも生き延びました。欧州サッカー界の発展に尽くし、「ミスター・オーストリア」の異名を持っていたといいます。なぜ今ドイツは、人道主義に基づいた寛容な受け入れと手厚い支援を難民に対して施しているのでしょうか。ロッパーさんという「一人の人間」に光を当てることで、今に通じるドイツの重たい過去もまた、「人間の問題」として浮かび上がってきます。

最後に、本書のあとがきについて。新書にしては「かなり長い」あとがきだといってよいでしょう。

そのあとがきの最後の数行を読んだ時、私は「えっ!?」と声を上げ、涙が出そうになりました。これほどまでに著者の「生身の人間」の部分をあとがきで感じたのは、初めてです。

人口減少、少子高齢化が驚異的な速度で進む日本では、移民を受け入れるのか否かの問題は決して他人ごとではありません。そういったことを考えるためにも、ぜひ読んでほしい一冊です。文章のテンポがよく、読みやすいですよ。

(*April 2017*)

## 13『チャップリンとヒトラー――メディアとイメージの世界大戦』大野 裕之

ある時ふと思い立ち、映画「独裁者」(The Great Dictator)のラストのスピーチを完全に暗唱することにしました。速さやアクセント、セリフの間のちょっとした「間《ま》」や盛り上げ方まで含めて、オリジナルに近い形で、あの格調高いスピーチを再現できるようになりたいと思ったのです。ひと通りスクリプトを精読し、毎晩柔軟体操をする際には必ずチャップリンのスピーチを聞くようにし、車の中や風呂の中などで折に触れてブツブツと暗唱に努めました。「これができれば芸になる!」と思ってやった試みですが、一般に英語学習において、暗唱には次のような効果があると思います。一つは、覚えた文を声に出す練習をくり返すことで、基本となる英語のリズムが身につくということ。もう一つは、脳内にある、使える英語表現のデータベースが充実するということです。

繰り返し音声を聞いたこともあって頭の中にチャップリンの声が残るようになり、暗唱を志してから3か月ほど経った頃には、スピーチをほぼ再現できるようになりました。そこで初めて映画「独裁者」を鑑賞した私は、70年以上前に撮影された白黒映画に刻み込まれた、ユーモアと人間味あふれるチャップリンの姿にすっかり魅了されました。およそ2時間の展開を経て、ついにあのラスト6分のスピーチにたどり着いた時には「おお、ついにここまで来たか」という感動がありました。それまでは単体でしか知らなかったスピーチが、物語全体の中に位置づけられ、その奥行きが広がるようでした。

本書を読んだのはそのあとです。「独裁者」という映画がどのように制作されたのか。第二次世界大戦という暗黒の時代背景に対してこの映画が持つ意味とは何なのか。「知ることの喜び」にあふれる読書体験となりました。著者は、日本はもとより世界的にも有名なチャップリンの研究家です。膨大な資料を駆使して論考を進めていく姿勢に凄みを感じました。

「二十世紀でもっとも愛された男ともっとも憎まれた男」。筆者は冒頭でチャップリンとヒトラーをそう定義します。二人は、わずか4日違いで生まれ、ともにちょび髭をたくわえ、メディアを駆使して頂点に上り詰めました。本書は、映画「独裁者」を、メディアという戦場におけるチャップリンとヒトラーの熾烈な戦いだったと位置づけ、その制作の背景に迫るのです。

1939年9月1日、ヒトラー率いるナチスドイツがポーランドに侵攻し、第二次世界大戦が勃発しました。チャップリンが「独裁者」の撮影を開始したのはその8日後のこと。撮影に対して吹く逆風はすさまじかったようです。ドイツ当局による反対キャンペーンや妨害活動はもちろん、アメリカやイギリスの政府当局、また海外での興行を危ぶむ映画業界内部からも、制作中止を求める声が上がったといいます。当時のアメリカは、世論調査で反ユダヤ主義を標榜する人が90パーセントを超え、財界がナチス政権に多額の投資をするほどの「親ファシズム」国家でした。チャップリンのもとには、一般人からの脅迫も届いたそうです。しかし、チャップリンは決してぶれませんでした。著者は本書の出版に寄せた言葉の中で、『今こそヒトラーを笑い飛ばすべきだ』と信念を貫いたチャップリンから喜劇の役割というものを教わりました」と記します。映画制作の過程が丹念に描かれることで、著者のいう「信念を貫く」ということが具体的にどういうことだったのかがよくわかります。

映画は完成しました。結論としては、イメージをめぐる戦いにチャップリンは勝利したのです。その意味するところは、次の事実一つをとっても明らかでしょう。つまり、映画の中で徹底的にその演説スタイルをパロディに仕立てられたことで、映画公開を境にしてヒトラーの演説回数は極端に減るのです。1932年の選挙の時には飛行機に乗って1日3～4か所で大演説をしていたというヒトラーが、1941年に行った大演説はわずか7回。1943年には2回にまで落ち込みました。本文には次のようにあります。

ヒトラーは、イメージという武器を失い、『独裁者』によって世界中で笑い者にされたことで、リアルな戦場での敗北より先にメディアという戦場からの撤退を余儀なくされていた。

ゲッベルスによって国民に向けたラジオ演説をするよう促された時、ヒトラーは「材料は何もない」と言って官邸地下の防空壕に閉じ込もります。ヒトラーが自殺するのはその1か月後のこと。このような事実を知ることで、「独裁者」という映画メディアが果たした途方もない役割が、歴史の中に立ち上がってきます。本書には次のように記されています。

センセーショナルなヒトラーのイメージよりも、チャップリンのイメージが勝利した理由はただ一つ。世界中の人が笑えたからだ。（中略）ヒトラー的なものに対抗するには、その愚直さとユーモアしかないことを『独裁者』は教えてくれる。

さて、映画のラストを飾るあの有名な6分間のスピーチについて。

著者によると、1938年秋に構想して以来、チャップリンはこのスピーチを1年8か月にわたって1000枚以上書き直したそうです。言葉を探し出しては紡いでいくような出だしを経て、ほとばしるように盛り上がっていくスピーチは、途方もない努力と信念の果てに生まれたのですね。ぜひスピーチを見て、一部分だけでも暗唱してみてはいかがでしょうか。

(*February 2016*)

## 14『エンジェルフライト――国際霊柩送還士』佐々涼子

バングラデシュで起きた人質テロ事件で殺害された日本人7人の遺体と、遺族を乗せた政府専用機が、2016年7月5日の早朝に羽田空港に到着したことを伝える新聞記事を読みました。

写真が添えられています。政府専用機の下に、白い布で包まれた柩が並んでいました。柩に向かい、黒い服に身を包んだ人たちと整備士の方々が黙祷をささげています。この悲しい写真を見たとき、この本を思い出しました。

本書が描くのは、「エアハース・インターナショナル株式会社」(木村利恵社長)で日々奔走する人々の姿です。彼らは「国際霊柩送還」を専門としています。国境を越えて、遺体を故国に送り届ける仕事のことです。
本書は冒頭から人の死を隠しません。東アジアから送られてきた柩の、鉄板の封を開けるシーンから記述は始まります。深夜の羽田空港国際線貨物ターミナル。現地で交通事故に遭い亡くなった男性の遺体は、死後いささかも大切に扱ってもらえなかったことを如実に物語っていました。描写は具体性に富みます。頭に血がのぼり、社長の木村利惠は言います。

「ご遺体は金もうけの道具じゃない。どうして、できる限りのことをして送り出そうとしないんだろう」

その場にいたエアハース・インターナショナルの三人は、やがて黙々と体液をぬぐう作業に取り掛かります。二時間が過ぎた頃、ふいに、その人の顔が穏やかになったように感じる瞬間がきます。さらに化粧を施していくうちに、ようやくその人が体に戻ってきたと思える時が訪れました。

「よかったね。お父さん、これで娘さんたちに会えるよ。素敵になった」

柩の蓋を閉める時の、利惠の言葉です。

本書を読むまで、海外での日本人の死や日本における外国人の死について私はほとんど何も知らなかったし、考えてみたこともありませんでした。国境を越えての遺体の搬送は、技術的にも手続き的にも大変な困難を伴います。本当の意味でプロの手を借りなければ、とてもなしうるものではないことがよくわかりました。事情を知らぬ遺族が、悪徳業者に言われるがまま、悪質な仕事に法外な対価を払ってしまうこともあるようです。

本書は、「創業者」や「二代目（現社長）」、「ドライバー」など、それぞれの立場でエアハース・インターナショナルの業務に携わる人たちの姿を克明に追っています。読み進めるうちに、「自分の仕事に対してこのように向き合う人たちのことをプロと呼ぶのだ」と思えてきます。彼らは、「誰のために何をすればよいのか」を考え抜いているのですね。

遺族にとって、遺体との対面は辛いものです。しかし、遺体と対面することで、遺族は心に決着をつけるきっかけを手にすることができるといいます。逆に言えば、遺体と対面できぬまま、その人の死を自分の中に経過させることができなかった遺族は、癒しの機会を永遠に失ってしまうということでもあります。

ドライバー・古箭氏のエピソードを引きましょう。この仕事を始めて間もない頃のことです。

ある男性の遺体を長年連れ添った妻の元に届けた彼は、どうしてもその首の傾きだけは直せなかったことを告げます。すると妻は、自分はいつも夫の左側に添い寝していたと語った後で、こう言いました。

「（略）だからあの人が首をかしげて帰ってきたのを見た時、『ああ、主人だ……』って思いました。ありがとうございます。夫をこんなところまで送り届けてくださって。こんなに穏やかな顔にして戻してくださって。本当に感謝しています」

この時、古箭氏にはエアハースの本当の存在意義がわかったそうです。

本書を読んで、強く思いました。誰かが大きな悲しみに襲われているとして、そこから目をそらさせ、無理な立ち直りを要求してはならない、と。悲しみぬくことこそ必要なのです。悲嘆に正面から向き合い、「悲しみを悲しみ尽くす」ことによってようやく、人は癒しのきっかけを得ることができるのです。

新聞に載るような重大事件や事故により海外で邦人が亡くなった際には、必ずと言っていいほどエアハースの働きがあるようです。冒頭の、バングラデシュで起きたテロの犠牲者の遺体搬送に、エアハースがかかわったという確証はありません。しかし、おそらくはかかわっている気がします。そして、犠牲者の遺族が、志半ばで凶行に倒れた家族にたった一度の「さよなら」をいう機会を、プロとして提供したのではないかと推察します。

新聞の写真に写された、白い布に覆われた柩のその中に気持ちが及ぶようになったのは、まちがいなく本書のおかげといえるでしょう。

（July 2016）

## 15 『鯨人《くじらびと》』 石川 梵

人と鯨の命を懸けた死闘が、南の海で繰り広げられています。

東京から南へ約5000キロ。インドネシア・レンバタ島のラマレラに、銛《もり》一本で巨大な鯨に挑む伝説の鯨人がいます。相手はハクジラ類に属するマッコウクジラ。

この時代にあって、鯨を追うラマレラの海の男たちが乗っているのは手漕ぎの帆船（プレダン）。10人ほどの乗組員（マトロス）と銛打ち（ラマファ）とが、心を一つにして巨鯨に挑むのです。狙うのは尾の付け根にある動脈。銛を持ったラマファが舳先《へさき》から飛び掛かり、全体重をかけて銛をねじ込みます。

巨大な相手に銛一本打ち込むのも命がけですが、狙い通りに銛が命中したからといって、そう易々と倒せる相手ではありません。銛を打ち込まれ、苦しみもがく鯨。必死で潜水し船を引きずり、あるいは人間を攻撃してきます。すさまじい破壊力を持った尾が当たりでもしたらひとたまりもありません。その大きく鋭い歯で噛まれても、ただではすみません。体当たりによって船が壊されることもあります。それでも、ラマレラの男たちは海へと飛び込んでいくのです。激しくぶつかり合う命と命。ラマレラの人たちには、鯨を取らなければならない切実な理由があるのですね。あるラマファは言います。

「自分たちは食うために必死に鯨と闘う。鯨も生きるために必死に抵抗する。どちらが勝つかは神様が決めることだ」

描かれるのは、命のやりとりのただなかで生きている人たちです。

写真家の石川梵氏が初めてこの小さな漁村を訪れたのは1991年のこと。彼はそれから毎年、鯨の漁期になればこの村へ通いました。伝説の鯨漁を撮影するため、いつ来るとも知れぬマッコウクジラをラマレラの人たちとともに待ち続ける日々（ラマレラのマッコウクジラの年間捕獲頭数は平均してわずかに10頭。それほどにチャンスは少ない）。1日8時間、直射日光の下、毎日海に出たといいます。マンタは捕れる。ジンベイザメも捕った。ただマッコウクジラが来ません。待ち続ける日々の中で、いつしか写真家に、こんな思いを抱かせる晩が訪れます。

ふと、鯨はなかなか出てこないが、すぐに出てこなくてよかったのかもしれないと思った。貴重な体験のひとつひとつが実は壮大なドラマのプロローグのようにも思えてきたからだ。どこかで一〇〇〇メートルの深海に身を潜めていたマッコウクジラは、ゆっくりと重い体を起こし浮上を始めているに違いない。

結局4年の歳月を経て、石川さんは念願の鯨漁の撮影に成功しました。約250ページに及ぶ本書の、210ページ分はここまでの記録です。それだけでも十分にすごい。人間が生身で鯨に挑む漁の迫力。加えて石川さんが描くラマレラの人たちは、漁に出ていく男たちも、陸にいて漁を支える女たちも、とても魅力的です。シンプルで力強くて。

しかし、最後の40ページにおいて、この秀逸なドキュメンタリーは加速度的にその深みを増していきます。ラスト40ページに込められたテーマは、石川さんがさらなる執念を持って追い求めた「鯨の心」。大海原を舞台に繰り広げられる壮絶な命のやりとりは、命を奪われる側からも描きうるはずです。鯨だって生きようと必死だからです。命を奪われようとするその刹那、鯨の目に宿るのは一体どんな思いなのか。人間と鯨、二つの視点から描かれることで、太古の時代から連綿と続く人間と鯨のドラマはさらに迫力を増します。

ラマレラの人たちにとって、鯨を捕ることは、自らが生きることとほぼイコールなのでしょう。喜びも悲しみも人生の充実も、全てが鯨とともにあります。そのあり方が魅力的に感じられることに加えて、そんな人々に魅せられ、長い歳月を彼らとともにして、そこにある命の躍動を写真という媒体で表現しきった写真家・石川梵さんもまた、かっこいいと思いました。

私は時折、「時間に追われすぎているかな」と思うことがあります。常に何かを生み出していくことばかり考えていたら、いつの間にか自分の人生から「何かをじっと待つ時間」が失われてしまったのかもしれません。

鯨の到来を待ち続けるラマレラの人々は、1000メートルの深みから鯨が上がってくる瞬間を信じて、海を見つめながら日々の生活を営んでいます。同じように現代の日本社会においても、誰もが、自分の心の深みから「自分が本当に捕まえたいもの」が立ち現れてくる瞬間を待っているのかもしれません。ラマレラの人々が海を見つめるように、私たちは自分の心をじっと見つめるのでしょう。それは、「自分が何のために生きているのか」をじっくり考える時間のことだと思います。

何を生み出すこともなく、ただ流れていく時の中で、自分が生涯をかけて追い求めたいものが何なのかじっくりと考える時間を持ちたい。鯨がこの地球を旅するような時間のスケールで、自分の人生を見つめ直してみたいです。そんな時間すら持てないままに、日々のあわただしさに流されてしまいたくはありません。

自分にとっての鯨とは、いったい何なのでしょうか。いつの日かその鯨は、心の奥の碧い海の深みから上がってきて、目の前の海原で潮を噴き上げるのです。私はそれを信じて待ちながら、その日に備え日々を営んでいくことにします。人生をかけて追い求めるべき鯨を見つけたい。読み終えて、そう思っています。

(*January 2012*)

Living

# 暮らす

Family × Kagoshima

家族×鹿児島

Life is what happens to you
while you are making other plans.
（人生とは、何かを計画している時に起きてしまう別の出来事のこと）

　アラスカに暮らした写真家・星野道夫さんが、その著書の中に記した言葉です。選択に偶然が絶妙に作用して、予測不可能な人生が織られていくのでしょう。そのような人生における「節目」とは、それまでの日々を振り返る機会のことなのかもしれません。結婚を機に、両親と過ごした日々を改めてかみしめるといったように。人生は、振り返って初めてわかることばかりです。

## 16 『旅をする木』 星野 道夫

ラ・サール65期生のみんなへ。

先日の披露宴では、お祝いに来てくれてどうもありがとう。嬉しかったです。

ラ・サール中学校入学に伴い、12歳の春に親元を離れ、鹿児島で寮生活を始めてからもう20年になります。入学直前の春休みに、家族4人で鹿児島を旅しました。父・母・弟とともに、雨に煙る鹿児島の街を城山の展望台から眺めたあの日の心細さを、今でも時折思い出します。

ラ・サール卒業後は京都で6年暮らしました。

そして24歳のとき、「日本百名山自転車紀行」と名付けて始めた旅を途中で中断して、カバン一つで母校に赴任した日の気持ちのたかぶりも忘れられません。結婚を機に改めて振り返ってみれば、この20年の間、私は自分がどこで何をしていくのかなんてまるでわからないまま、夢中で時を過ごしてきたようにも思います。そうして無数の偶然とその時々の選択に導かれ、いつしか、ここで生きていくことを考え始めていました。いよいよ鹿児島に根を下ろすことを意識し始めている今、かみしめずにはいられない言葉があります。

結果が、最初の思惑通りにならなくても、そこで過ごした時間は確実に存在する。そして最後に意味を持つのは、結果ではなく、過ごしてしまった、かけがえのないその時間である。

アラスカに生き、カムチャッカで亡くなった写真家・星野道夫さんのエッセイ集『旅をする木』に記された一節です。

初めて『旅をする木』を読んだのは19歳の冬。心が震えました。この本に出てくる人たちに会いたくてたまりませんでした。何通か手紙を書き、一つひとつ糸を手繰るように準備を重ね、ついに私は、一人アラスカの地に立っていました。旅の始まりは、アラスカがまだ帝政ロシアのものだった時代の首都・シトカ。星野さんは「アラスカで最も美しい町」と記しています。旅の最後には、タルキートナからセスナでルース氷河に入り、夜ごとオーロラを見上げました。旅を通して、大切な仲間とめぐり逢いました。この旅によって、私の大学生活は方向が決まりました。それから何度も何度も『旅をする木』を読み返しながらここまで来ました。『旅をする木』は私にとってそんな本です。

星野さんの本に記されている、アラスカの大きな自然の中で星野さんが紡いだ言葉たちは、いつも私に深いところで力を与えてくれます。読み返すたびに、自分がここにいたるまでに経てきた日々を、不安や迷いも含めて肯定し、受け入れて、これからも歩んでいきたいと思うのです。

もしかなうなら、20年前のあの日、城山の展望台から鹿児島の町を見下ろしてじっと不安に耐えていた12歳の私に、そっと「大丈夫だよ」と言ってあげたいと思うことがあります。傍らで、もしかしたら私以上に寂しさを抱えていたのかもしれない20年前の両親も、その言葉を聞いて少しは安心してくれるでしょうか。

これまでに出会ってきたたくさんの人たちが、この世界のそれぞれの場所でこの瞬間にも自分を支えてくれていることを、心のどこかで感じていられたら、本当に豊かな人生だと思います。先に紹介した言葉は、今でも私にとっての羅針盤です。

大学生だった頃、何度もノートに書きつけては覚えた星野さんの言葉からもう一つ紹介して、この文章を閉じます。

　人生はからくりに満ちている。日々の暮らしの中で、無数の人々とすれ違いながら、私たちは出会うことがない。その根源的な悲しみは、言いかえれば、人と人とが出会う限りない不思議さに通じている。

温かな祝福の拍手をありがとう。4月からまた新たな気持ちで、一日一日を重ねていきましょう。

（*March 2012*）

## 17『戸村飯店　青春100連発』瀬尾まいこ

結婚は、家族と過ごしてきたこれまでの日々を改めて見つめるいい機会でもありました。披露宴で流す「プロフィールビデオ」を作るため、家にあるアルバムを全て引っ張り出しては飽かず眺めたものです。若き日の父と母がいました。30年前のまだ始まって間もない家族。そこから少しずつ変わってゆく家族の風景を写真でたどりながら、長いこと物思いにふけりました。

私には三つ下の弟がいます。現在、三重県伊勢市で暮らしています。

考えてみると、12歳で寮生活を始めた私は、弟と9年間しか一緒に暮らしていません。そして私は、弟に対して常にライバル心むき出しの兄でありました。「面倒を見てあげよう」というよりはむしろ「絶対弟には負けない」という気概で生きていたように思います。今思えばあまりいい兄貴ではなかったかもしれません。なぜそんなにまでして張り合っていたのかよくわかりません。アルバムの中の弟は本当にあどけなくてかわいくて、「こんな弟にどうして優しくできなかったんだ、俺……」と思うのですが。

それぞれの人生におけるさまざまな分岐点で、弟は何を思い、どんなことを考えていたのでしょう。

いつしか二人とも大人になってしまいました。あっという間に過ぎ去ってしまった子ども時代は、写真となって目の前にあるのに、ものすごく遠い世界のことのようにも感じられます。

今回紹介する小説の主人公、ヘイスケとコウスケも兄弟です。大阪の超庶民的な中華料理店、戸村飯店の二人息子。兄ヘイスケは要領も見た目も良い。一方の弟コウスケは、人当たりがよく単純な性格。同じ部屋で暮らしていても、性格も違えば考え方も違います。最初二人はほとんど会話することもない兄弟でした。やがて兄ヘイスケが高校を卒業し、東京へ行くことから物語は動きだします。章ごとに語り手が入れ替わるのがおもしろいです。弟コウスケと兄ヘイスケが、交互に語りを重ねていきます。時間にすればほんのわずかなかかわり合いを通して、それでも少しずつわかり合っていく兄弟。離れたことで直接的なかかわり合いはなくなったとしても、常にお互いのことをどこかで気にかけてしまうのが家族なのかもしれません。ヘイスケが大阪を出た1年後、兄弟はひと回り大きくなって、それぞれの場所で新たなスタートを切ります。その1年間の軌跡が温かなユーモアに満ちた筆致で描かれています。

あの日、我が家のアルバムの中に、4歳くらいの私と1歳くらいの弟が、仲良く並んで眠っている写真を見つけました。時を経て初めてわかることがあまりに多くて泣きそうになりました。弟がいてくれてよかったと、今、心から思っています。

*(May 2012)*

## 18『キャパの十字架』 沢木 耕太郎

結婚式に向け実家でアルバムを整理していたら、何枚かの写真が目に留まりました。父が写っています。ある写真では父は船に乗っていて、背後の海には航跡を示す白い波が立ち、その向こうに桜島が見えます。またある写真では、正面に大きく写った父の後ろに海があり、その海の向こうに街が見えていました。鹿児島市街でしょうか。父はカメラを見ていません。海を見ているのか、それとも、その向こうにある街並みを眺めているのか。いずれの写真も、示された撮影の日付は1992年4月5日となっていました。

「そうかぁ」と思いました。「あの時、父は桜島へ行ったのか」と。

写真が撮られた前日の1992年4月4日は、ラ・サール学園の入学式でした。式の後、弟をいつまでも独りにしておけないからとひと足先に家に戻る母を、父と二人、正門のところで見送りました。父はもう1日鹿児島に残ってくれることになっていましたが、3人でホテルに泊まった昨日とは異なり、その日の夜は私は寮に、父はホテルに泊まりました。寮生活初日。当時まだ12歳だったことを思えば、鹿児島に父が残ってくれているということが、私の心細さをだいぶ和らげてくれていたと思います。

翌日、4月5日。ラ・サールでの学校生活が始まりました。始業式やら対面式やらを終え寮に戻った私を、もう一度父が訪ねてくれました。どんな会話を交わしたのだったか。寮の玄関で、靴を脱ぐ間もなく、ほんの3分ほどの再会だったと記憶しています。

「じゃあ、行くからね。元気でやりなさいね」

短い言葉を交わしたのち、そう言って寮を後にする父は、去り際に「これ昨日書いたから、あとで読んでね」と手紙を渡してくれました。「自ら道を切り開いていくことを選んだのだから、胸を張って歩いていきなさい。勉強は大変に違いないが、困った時は遠慮なく先生や先輩や友人に相談しなさい」そんなことが書いてあったと思います。「深呼吸して、さあ、前へ一歩」という結びの言葉は、今でも覚えています。

整理中にたまたま見つけた数葉の写真に触発されて、私はしばしの物思いにふけったのでした。そうか、寮に私を訪ねてきてくれたあの日の午前中、父は独りで桜島へ行ったのか。桜島を訪ねて、どんなふうに過ごしたのだろう。どんな思いで海を見ていたのだろう。何かに思いをめぐらせていたのだろうか。それともただただ海を見ていたかったのだろうか。写真の背後に物語が透けて見えてきます。

報道写真史上最も有名な写真の1枚に、「崩れ落ちる兵士」があります。スペイン戦争の際、戦場カメラマン、ロバート・キャパが戦地に赴いて撮影したもので、被写体となった兵士が背後から銃撃を受け倒れるまさにその瞬間をとらえたものとされています。しかし、昔からこの写真は謎に満ちていました。写真について言われていることは、はたして本当なのか。本当にこの兵士は撃たれ、地面に崩れ落ちようとしているところなのか。この写真が撮られた場所はどこなのか。さらには、この写真を撮ったのは本当にキャパなのか。

キャパをこよなく愛する著者は、長い時間をかけてこの謎に挑みました。4度現地を訪問しての、綿密な検証と緻密な推理。謎は、一つひとつ解き明かされていきます。謎に対して誠実に思考を積み重ねていくプロセスは十分な説得力を備えており、読み応えがあります。驚異的に粘り強い取材の結果導き出されてくる結論も、キャパの恋人であり戦場で死んだゲルダ・タローとの隠されたエピソードも、とてもスリリングです。しかし、本書の最終部を読んで、なぜタイトルが『キャパの十字架』なのかが腑に落ちた時、私はそれまでとは次元の異なる納得感を得ました。ただ「真実」を追求していくだけでは届かない地平があります。描かれる人物の立場や心情を思いやる適切な想像力が付加されて初めて、ノンフィクションは輝くと知りました。

息子を残して、自分は鹿児島をあとにする日。その午前中に、父は桜島へと足を延ばし、おそらくは自分であの写真を撮ったのでしょう。そこに写った父の顔（まだ若い）を見ていたら、あの日父が寮を訪ねてくれた時の嬉しさと、短い言葉を交わして帰ってしまった後の寂しさとを、思い出しました。

（*December 2013*）

## 19 「桜島」『桜島／日の果て／幻化』より　梅崎 春生

鹿児島での暮らしは、桜島とともにあります。

暗号特技兵として桜島の通信隊に配属された梅崎春生（東大国文科を卒業後、招集を受けた）が、その経験をもとに小説「桜島」を執筆したのは、昭和20（1945）年9月のことでした（発表は昭和21年）。

語り手である「私（村上兵曹）」は、坊津から谷山基地に移動したのち桜島の洞窟陣地に赴き、そこで8月15日を迎えます。小説に記されるのは、7月初旬から8月15日までの、わずか1か月半の「私」の体験であり、心の動きです。

登場人物は、「私」の他にはたった3人しかいません。右耳のない妓《おんな》（娼婦）、見張り台の男、そして吉良兵曹長。

この4人の登場人物の中で、小説にその死が描かれるのは、たった一人です。しかし、時代は太平洋戦争末期。死ななかった人たちにとっても死はすぐそこにあるものでした。とりわけ南九州の地にある者が意識せずにいられなかったのは、やがて来るはずの米軍による九州上陸です。それは兵士のみならず、名も書かれぬほど小さな町の、駅の裏手の妓楼の女性にも共有される恐怖でした。

作中、右耳のない妓は、「私」に問います。

「ねえ、死ぬのね。どうやって死ぬの。よう。教えてよ。どんな死に方をするの」

そして「私」もまた、自分の死について考えずにはいられません。「私」は、戦争という極限の時代状況の中で、なぜ死ななければならないのか、「どうすれば納得して死ねるのか」を考え続けています。その問いは、自分の生の意味を問うことと表裏でした。

疲れていると言うよりは、そのような無縁のものを考えるより、私には、迫《せま》り来つつある自らの死のことが気になっていたのだ。桜島に来て以来、このことは常住《じょうじゅう》私の心を遠くから鈍《にぶ》く脅やかし続けている。

このような状況下で、兵曹といういわば中間管理職的な立場で戦争を生きていた「私」の眼に、桜島はどのように映じていたのでしょうか。

小説全体を通して、桜島岳の描写がたくさんなされているわけではありません。むしろ、「私」に重要な心境の変化が訪れるとき、その変化の端緒として桜島岳が描写されるといってよいでしょう。

小説の最後から、印象的な箇所を一つだけ引きます。「私」と吉良兵曹長が、戦争が終わったことをついに知る場面です。異常な気配を感じて「私」が振り返れば、吉良兵曹長は軍刀を抜き放っていました。「私」はそこに、「此の世のものでない兇暴な意志」を見ます。やがて、吉良兵曹長は、妖しく光を放つ刀身をさやに収めます。軍刀のつばがさやにあたり、かたくはっきりした音を立てました。その音は、「私」の心の奥底にまで沁みわたります。

吉良兵曹長は言います。「村上兵曹。俺も暗号室に行こう」

> 壕を出ると、夕焼が明るく海に映っていた。道は色褪《あ》せかけた黄昏《たそがれ》を貫いていた。吉良兵曹長が先に立った。崖の上に、落日に染《そ》められた桜島岳があった。私が歩くに従って、樹々に見え隠れした、赤と青との濃淡に染められた山肌は、天上の美しさであった。石塊道《いしころみち》を、吉良兵曹長に遅れまいと急ぎながら、突然瞼を焼くような熱い涙が、私の眼から流れ出た。拭《ふ》いても拭いても、それはとめどなくしたたり落ちた。風景が涙の中で、歪《ゆが》みながら分裂した。

「天上の美しさ」とまで「私」に言わしめた、夕焼の光に染まる桜島岳の山肌を見た後に、流れ出す熱い涙。その涙の意味を問うことが、「小説『桜島』を読む」ということの意味であるように感じられます。

死の恐怖と常に対峙する緊張から、突然解き放たれたことへの安堵だったのでしょうか。あるいは、まだ生きられるのだという、喜びの涙だったのでしょうか。もちろん、小説の中に明確な答えは書かれていません。

しかし、死に向かう準備をしながらひたすらに戦争を生き、ついに死ぬことなく終戦の日を迎えて同じ涙を流した若者は、当時の日本におそらくたくさんいたのでしょう。彼らはそのとき、どんな風景を目にしていたのか。終戦直後の梅崎春生は、その同時代の若者の思いをこそ掬い取り、表現したかったのだと思います。

戦争が終わった日の夕暮れに、桜島岳の山肌に触発されて、とめどなく涙を流した人がいる。そのことを知った上で桜島を眺めれば、いつもの風景が奥行きを増して見えてくるようです。

(*May 2017*)

## 20『西郷どん！』林 真理子

ある時、数学科のU先生と鹿児島最大の繁華街・天文館のイタリアンバーで飲んでおりましたら、居合わせたお二人と仲良くなりました。

お話をしているうちに、お二人は天文館にて地場のホテルを営んでおられる方々だとわかりました。地場のホテルで協力をして、宿泊客に鹿児島の魚市場を見学していただくツアーを主催されているそうです。

この試みは着実に根付いてきていて、ツアーに参加する海外からのお客さんの数も順調に増えてきているとのことでした。そこで、サポーターとして英語通訳についていてくれる人も組織しているとのこと。「鹿児島にいても英語を使って国際交流できる場があるんだなぁ」ということに興味を持ち、お願いしてツアーを見学させていただきました。土曜日早朝の魚市場の見学はおもしろかったですよ。私自身魚市場を見学するなんて初めての経験です。職人さんが器用にカンパチを捌いていく姿に感嘆の声を漏らすオーストラリア人の様子を見ながら、教員も地域の中へと交流の輪を広げていく大切さを思いました。ご縁というのはありがたいものです。


年末には、魚市場見学ツアーにかかわっている方々の忘年会にも参加させていただきました。そこでの話題の一つは、もちろん間もなく鹿児島に吹く追い風のことです。

そう、明治維新から150年となる2018年のNHK大河ドラマは「西郷どん」。ただし、「今年の大河は『西郷どん』だね、よかったね」という単純な話ではありません。「大切なのは西郷どんブームが終わったあとも、いかに持続的にお客さんに来ていただくかだ」と、協力してなんとか鹿児島を盛り立てようとされている皆さまの姿に、私は感動しました。「自分の利益ばかり考えるのでなく、地域の人たちが活気の中で生活できますように」という願いや、「自分のところばかり潤っても、それによって生活が苦しくなる人が出てしまうのでは意味がない」という気持ちがひしひしと感じられるのです。新自由主義やグローバル化が猛威を振るう中で、生活圏をともにする人たち同士の温もりあるつながりがどんなに心強いかを感じます。

鹿児島でがんばっている方々と知り合うほどに、鹿児島は良い街だという想いを強くします。この本がきっかけになって、多くの人が鹿児島を旅し、鹿児島の魅力を知ってくれることを願って、今回は『西郷どん！』を紹介することにしました。


林真理子さんの手になる小説で、2018年のNHK大河ドラマの原作。テンポの良さと読者をぐいぐい引き込む筆力はさすがというべきでしょう。

この小説には、「西郷どんと愛加那さんとの間に生まれた西郷菊次郎が生前の父について語る」という大きな枠組みがあります。その語り口はカラリとしてさわやか。菊次郎が直接の語り手となる部分は多くはありませんが、愛を込めて父を語りながら、語ることを通して自らもその生き方を理解しようとしているかのような、明るい淡々とした筆致が全編を貫いて心地よかったです。


ところでこの小説を読んでいたらどうしても鰻が食べたくなりました。西郷どん（作中・西郷吉之助）が鰻を実においしそうに食べるシーンがあるのです。たまらず天文館の「末よし」まで鰻を食べに行きました。

「わっぜうめっ」

そう、この小説を読むと鹿児島弁を話したくなるのです。が、私が鹿児島弁らしきものを使うと、鹿児島育ちの妻はきまって「おかしい」と言います。ネイティブ・カゴシマンの耳はごまかせません。精進したいと思います。

(February 2018)

## 21『走ることについて語るときに僕の語ること』村上 春樹

2016年3月、記念すべき「第1回鹿児島マラソン」に参加しました。初めてのフルマラソンに向けて練習を始めた2015年、私は高校3年生の担任でした。たとえいそがしそうなポジションにあったとしても、「3日に1回、1時間半の練習時間」というのは、作ろうと思えば作れるものでした。「今日は走るぞ」と決めることで、日中の仕事に対する集中力も増したように思います。鹿児島マラソン出場を目標に据えて以来、「65分で12キロ走る」が、1回あたりの練習の目安になりました。

走ることに慣れてくると、「慣性の法則」が働き始めます。止まっているものを動かすには大きなエネルギーが必要ですが、ひとたび動いていることが常態となれば、あまりエネルギーを費やさずとも動いている状態を維持できるのです。ほどなく、「走ること」は特別なことではなくなり、自分にとっての日常となったのでした。

走るという習慣は、生活に良いリズムと潤いを与えてくれます。走ることで頭の中がスッキリするのもよい。高校3年生を担任していた2学期、やるべき仕事は多かったけれども、走ることで精神状態を明るく保てたことは、受験を控えた生徒たちとかかわる上でもよいことでした。


さて3月6日、いよいよ迎えた鹿児島マラソンの日。ピストルの音とともに、1万人が走り始めます。はじめはゆっくりと、やがて各自がそれぞれのペースを確保し、流れに乗っていきます。私は10キロほど走ったところで三角ポールにつまずいて転んでしまいましたが、それ以外はおおむね順調でした。沿道からの応援が嬉しかったです。

25キロ地点の重富《しげとみ》（姶良市）で折り返します。35キロ地点を過ぎるあたりで、急激に足に疲労が来ました。「もう歩きたい」という気持ちをこらえながら必死で足を前に出します。磯《いそ》を過ぎ鳥越トンネルを抜けて市街地に入ると、国道10号は一気に広くなります。ゴールまであと3キロ。沿道に並んだ人たちが、たくさんの旗を振り、「あと少しだ、がんばれー！」と応援してくださいました。声援に対して、手を振ったり頭を軽く下げたりして応えると、今度は視線を合わせて声をかけてくれます。応援してくれる人の存在を意識するだけで、足はパンパンでも笑顔を作ってあと少しがんばろうと思えました。

見知らぬ人に一生懸命旗を振り続けることのできる応援マインドを、私は持っているだろうか。心底「ありがたいなぁ」と思ったものです。

ゴールしたとき、「もう走らなくていい」ことにとにかくほっとしました。止まったとたんに足がガクガク。誘導されるほうへ進み、記念タオルを肩に、メダルを首にかけてもらいます。記録は4時間5分23秒。こうして、私の第1回鹿児島マラソンは幕を閉じました。

走ることについて語ろうとすると、さまざまな記憶が呼び起こされてきます。思っている以上に、走ることは生きることのメタファーになるようです。マラソンを終えて本書を手にとり、村上春樹さんの明晰で、ストイックなようでとても前向きな思考をたどるのは、走り終えた満足感と相まって心地よい読書体験でした。村上春樹さんはこう記しています。

僕自身について語るなら、僕は小説を書くことについての多くを、道路を毎朝走ることから学んできた。

読めば、自分自身と対話しながらまた走りだしたくなる。そんな本です。

（*February 2017*）

## 22『東京大学応援部物語』最相 葉月

2017年3月、2度目の鹿児島マラソン。

スタートラインを越えてからゴールするまでのタイムであるネットタイムでは3時間59分04秒でしたので、ギリギリ「4時間を切れた」ということにします。

冷たい雨で寒かったです。ランナーにとっても厳しいコンディションでしたが、給水や給食など、沿道でランナーを助けてくれていたボランティアの方々も本当に大変だったと思います。動かない分、余計に寒さが堪えたのではないでしょうか。声を限りに、「がんばってくださーい！ ファイトー！」と声をかけてくださる方の存在は、走っているとこの上なくありがたいものです。

大きなプラスチックのケースに黒糖やふかしイモ、かるかんなどが入っていて、通過するランナーはそれらを自由にとって食べることができます。寒い中走りながら口に含む黒糖やかるかんの美味しさは格別でした。そしてボランティアの人たちが、自身は冷たい雨に濡れながら、黒糖やかるかんの上に傘をかざしてそれらが濡れないように配慮してくれている姿を見たら、なんだかもう本当に「ありがとうございます」と思わずにいられませんでした。前年、第1回を走った時にも思ったことですが、他者をこんなにも一生懸命に応援できる気持ちが、果たして自分にはあるでしょうか。

私も走りつつ「いぇーい！」と手を振って応援に応えます。すると沿道の方々は、目を合わせてさらに大きく手を振ってくださいます。それもまた、長距離レースの楽しみの一つかもしれません。大切なことは、そうして応援してくださる人がいることを、「当たり前」だと思わないことなのでしょう。自分が応援する側に立った時には、私利私欲を越えて他者を応援できるようでありたいと願います。

さて、「応援」という行為に自身の学生生活をささげた人たちがいます。大学の応援部に所属する若者たちです。各大学に応援部があるわけですが、本書の取材対象は東京大学。本書は、東大応援部で日々応援に心血を注ぐ若者たちの姿を追ったドキュメンタリーということになります。

東京大学に所属し、東京大学の運動部を応援する彼らは、必然的にある問いと向き合わざるを得ません。それは、「自分たちの応援という行為は、何ゆえ報われるのか?」という問いです。

他大学の応援部であれば、この問いに対する答えは案外簡単に得られるでしょう。したがって、この問いと真剣に向き合う必要もないのかもしれません。なぜなら、応援部の応援は「応援したチームの勝利によって報われる」からです。他大学の場合、半分くらいは自分の応援したチームが勝つのですから、あえて「何ゆえ」と問わなくても、自分たちの存在意義を感じる機会はしばしばあるわけです。

しかし東大となると話が違います。東大は、東大野球部は、勝てません。どんなに応援しても、勝てないのです。それゆえ、青春の全てを懸けて応援をする彼らに、「自分たちの応援はいかにして報われるのか」という問いは時に重たくのしかかります。別に野球部が勝たなくても、応援部員のせいではありません。けれども、彼らはその敗北を「自分たちの応援が足りなかったからだ」と考え、自分たちを責めるのです。

このストイックの極致ともいうべき思考回路はどのように形成され、どうやって次の世代に引き継がれていくのか。どんな人がこの「応援部」という組織に順応して青春をささげ、どんな人が順応できずに悩むのか。応援部の内部では、どのような人間模様が繰り広げられているのか。疑問は尽きず、ページをめくる手は止まりません。

そして著者の取材中、ついに東大野球部が勝つ日が来ました。勝利の瞬間の描写は感動的です。この本を読み、読者も共有できるある想いがあります。それは、「応援は、犠牲なんかではない」ということ。彼らは、何かを我慢して他者を応援しているのではありません。そこにはただ、がんばる他者を応援することに対する、彼らの〝ど真剣〟な気持ちがあるだけです。

鹿児島マラソンで冷たい雨に濡れながら一生懸命応援してくれていた人たちのことを、改めて思い出しました。

（*March 2017*）

# 23『パパは脳研究者──子どもを育てる脳科学』池谷 裕二

４月に娘が生まれました。

それはそれは嬉しくて、生まれたばかりの我が子を自分の腕の中に抱いた時にはやっぱり泣いちゃいましたね。赤ちゃんは、ハニャハニャしながらよく寝ていました。

「私たちのもとに産まれてきてくれてありがとう。しばらくの間、人生をともに歩もうね。山登りの楽しさと自転車旅のおもしろさはきっと教えてあげる。楽しい家族になろう」

日記にはそんなふうに記しました。大変な思いでこの子を産んでくれた妻には、心から感謝です。

やがて妻と子が病院から自宅に戻り、家族３人での生活となりました。赤ちゃんと暮らす日々の始まりがゴールデンウィークと重なったのは本当に幸運だったと思います。全てが初めてで慣れない中、子育てに集中できたからです。家族で過ごす、めまぐるしくもスイートな時間を存分に味わうことができました。

例えば初めての沐浴《もくよく》（新生児をお風呂に入れてあげること）。妻と二人で奮闘します。おそるおそるお湯に浸けた赤ちゃんが、気持ちよさそうにニマーッとしてくれるだけで笑いがこぼれます。「おーそうだそうだ、いい子いい子。お風呂気持ちいいねー」などと声をかけつつ……

かと思えば、最後にすすいでいるとき突然泣きだした我が子に、「あれーどうしたどうした、びっくりした？ 寒い？ もうじき終わるからね、ごめんねごめんねー」と慌てたり。

　幸いうちの子はお風呂が好きなようで、今では終始ご機嫌です。


　さて、こんなふうに何もかもが初めての育児の中で、「頼れる羅針盤がほしい」と思うのは自然な感情でしょう。今は便利な時代ですから、ネットで検索すれば個々の現象（夜泣き・鼻詰まりなど）に対する情報は大抵の場合手に入ります。しかしそういう情報以上に私が欲したのは、より大きな視野に立ち、科学的な根拠に基づいて、個々の現象の意味を解き明かし、併せて子育てのコツにも気づかせてくれる言葉でした。子どもが生まれる前に多くの育児本を読んでみましたが、その中でもとりわけ気に入って何度も読み返している本が、今回紹介する『パパは脳研究者』です。

　著者の池谷裕二先生については、知っている人も多いでしょう。脳の研究者として著名な方で、『脳には妙なクセがある』『受験脳の作り方』（ともに新潮文庫）など著書も多いですね。私のクラスの学級文庫にも、池谷先生の本が複数並んでいます。いずれの本においても、脳研究で得られた最新の知見はどのように実生活に活かすことができるのかがわかりやすく語られていて、知的刺激に満ちています。

　そんな池谷先生が、ご自身の娘さんの4歳までの成長を、脳研究者としての観点から分析し記したものが『パパは脳研究者』です。ひと月ごとにまとめられた娘さんの成長記録の中に、父親としての愛情と、第一線で活躍する脳研究者としての示唆に富む知見がふんだんに盛り込まれています。

例えば、出張から戻った池谷先生は、娘さんにある変化が起きていることに気づきます。池谷先生や奥様が部屋を出て姿を見せなくなると、泣くようになったそうです。私なら、「甘えたいんだねー」程度の感想がせいぜいでしょう。でも池谷先生にかかれば、この現象は「娘さんが時間の概念を獲得しつつある」証拠として解釈されるのです。これはおもしろい。そして何より、池谷先生が娘さんに注いでおられる愛が本からもあふれてきます。

娘が生まれてようやく1か月。

私自身の子育ては始まったばかりですが、はっきり言えることは、育児ってとってもおもしろいということです。常に娘の存在を意識の中心において、夫婦で協力し、時間の使い方を工夫し、相談しつつ家事を分担する。そういったことが、日頃の生活を見直す良いきっかけになるようにも思います。小さくてあったかくて、ハニャハニャしてはスヤーッと寝てしまう我が子を見ていられるのは本当に嬉しいものです。

皆さんはまだ、自分が結婚して家庭を持つという実感はないかもしれません。もちろん価値観は多様であり、さまざまな人生の選択がありえるわけですが、いずれにせよ本書を読んで、「ああ、こんなふうに育ててもらってきたんだなぁ」とご両親に感謝をしたり、やがて自分が親となる日を想像したりしてみるのも、楽しい読書体験であろうと思います。

(*May 2018*)

## 24『ぼくが子どものころ、ほしかった親になる。』幡野 広志

娘はまもなく8か月になります。

あたたかな雨の日に産まれ、おそるおそる抱いた私の腕の中で困ったように泣いていた娘は、首が据わり、一人で座れるようになり、声を出して笑うようになりました。この子が産まれて、帰宅後の自分の生活も大きく変わったように思います。昔は、夕食をとったら本を読むか何かを書くかしていました。今は全て後回しにしてでも、娘が寝るまで一緒に遊んでいたい。我が子というのは、ある意味本能で愛おしんでしまう対象なのでしょう。


夏の終わりから秋にかけて、触れ合う人を「母親とそれ以外の人」に分け、母親以外の人に抱かれると泣いていた娘。私を見て泣きだし、妻が抱けばあっという間に笑顔になる様子に、最初は寂しさを感じたものです。けれども、ほどなく「そういうものなんだろう」と思うようになりました。

気持ちを切り替え、「妻じゃないとダメだな」と思うところは素直に妻に委ねて、それでもめげずに接していたら、娘はいつしか私のことも認識してくれたようです。今では、帰宅して「ただいまー」とあいさつすると、ニコニコしながら迎えてくれます。「あ！　パパ！」とでもいうかのように興奮してキャッキャする娘の姿に、疲れは吹き飛びます。

さて、友人が写真家の幡野広志さんのことを教えてくれたのは、秋も深まろうとする頃でした。彼

女からのメールに記されたリンクから幡野さんの文章をウェブ上で読み、「この人の文章をもっと読みたい」と思いました。そこで、書店に出向いて『ぼくが子どものころ、ほしかった親になる。』という本を買いました。

親になったばかりだからこそ、惹かれた本でもあると思います。人生の段階に応じた本との出会いが、私は大好きです。タイトルの通り、幡野さんが一人息子に残したい想いが詰まった本でした。

「これまでに出会った中で一番優しい」と思った人を妻とし、「優しい人になってほしい」という願いを込めて息子に「優」と名付けた幡野さん。「子どもを優しい人に育てる方法は、親が優しくなることだと言います。そして、優しさとは自分の善意を押しつけることでなく、「相手にとって何が幸せなのかを考えることだ」とさまざまな文脈で語り続けるのです。

「それじゃなくて、こっちにしなさい」。例えば、スーパーで子どもが選んだお菓子を否定して、自分が良いと思ったものを押しつける親の姿に幡野さんは疑問を呈します。最初は、たかがお菓子の選択かもしれません。しかし、「こっちにしなさい」はやがてファミレスのメニューになり、洋服になり、部活や習い事になっていきます。

幡野さんは次のように記しています。

仮に「そろそろ大人なんだし、ちゃんと自分で選ばせないと」と親が考え直したとしても、小さなところで選ぶ練習ができていない子供は、失敗が恐ろしくて自分で決断できない。「これをやりたい」と思う以前に、「自分で選んで決めて、もし失敗だったらどうしよう」と怯えてしまうのだ。

こうして「やりたいことが見つからない人」ができあがる。

その通りだと思いました。価値観の押しつけはいけませんね。たとえ娘がまだ幼くても、その選択を尊重する気持ちの余裕を、忘れずにいたいです。

初めての人生における初めての子育て、間違えないはずがありません。幡野さんのように何が大切なのかを自分の頭で考えながら、娘の成長を見守っていきたいと思います。

幡野さんは、2017年、34歳の時に多発性骨髄腫を発症し、余命3年という診断が下っています。そう知ったときはひと晩涙を流し、その痛みは自殺を考えるほどだったそうですが……。「自分の言葉で考え、語る」という行為は、こんなにもその人に力をくれるものなのでしょうか。

「僕が息子に残したいものは、なんだろう」と考え、幡野さんは、それはお金ではなく言葉だと感じたそうです。

お金で解決できることはお金で解決すればいいけれど、お金で解決できないことを、僕が残す言葉で、解決の糸口にしてあげたい。

息子自身の役に立つ言葉を残してあげたい。

息子が成長していくうえでの、地図のような、コンパスのようなもの。

いろいろと迷ったとき、「自分の父親だったらどう解決していたのかな？」と振り返ることができるものを残したいと思った。


淡々とした筆致が沁みます。

（*December 2018*）

## 25『歌集　ぶどうのことば』大松 達知

人は役割に応じていくつかの顔を持っています。例えば一人の人間が、ある時は夫であり、ある時は父であり、そして教員であるように。それぞれの顔において、「時の流れ」が持つ意味が同じではないのがおもしろい。「顔」に応じてそれぞれに流れゆく「時」が、相互に浸透し合い人生を彩るのだと思います。
　歌人として広く知られている大松達知さんは、東京にある私立中高一貫校の英語の先生でもあります。「先生」「夫」「娘の父親」。大松さんの持つそれぞれの「顔」の上にどのような「時」が流れているのか。歌集を通し、私は以下のように受け止めました。

1．先生の顔。

　時間の経過とともに、教員としての経験値は上がります。力の抜き方もわかってくるし、周囲の目が気にならなくなっていくので、働きやすくなる面は確実にあります。とはいえ、「ここはがんばらねば」と歯を食いしばるシーンは必ず訪れます（これは主に学級担任として）。教科担当者としては、「黒板からホワイトボード&プロジェクターへ」といったハード面の変化と折り合いをつけることもしなければなりません。その全てが、教員としてのレーゾンデートル（＝ワタシハナゼココニイルノカ）を自らに問い続ける過程といえるでしょう。

　　ゐなくてもよかつた会議だと気づく この歳になりあの歳になる
　　教室に入りゆくさへ怖い日がそりやあ有るつて君らは無いか？
　　お節介が不得手なわれは教員に不向きなるべし勤続二十年

2．夫の顔。
その時間は、妻とともにあります。自分が歳をとった分だけ相手も歳をとるわけで、妻から母になった女性と家庭を営む中に、時折アンビバレントな感情がにじんだりします。そんな諸々をなんとか日常の中に流せるようになっていくことが、そうして家庭の平和を作っていくことが、とはいえ妻を特別な存在と感覚することが、夫（夫婦）としての円熟ということなのかもしれません。

ドアふたつへだてて妻と飲む夜の酌み足しながら妻を思へり
つきつめて思へば人と暮らすとは人の機嫌と暮らすことなり
とんちんかんはとんちんかんのままにする 夫婦を守りおのれを守る

3．父親の顔。
時とともに子どもはぐんぐん成長していきます。一方の我が身は少しずつ老いてゆきます。愛おしい我が子と過ごす喜びの向こうに、だからふと悲しみの影がさします。いずれ親元を巣立つ日がくる。この子が生きる時代の過酷さを思う。何より、この子を残して逝かねばならない日がきっとくる。時の流れに思わず「ちょっと待って」と言いたくなるのは、父親の顔の時かもしれません。

いつの日か、死なないで！つて言ふのかも やらないで！つて今は言ふ吾子

ときをりにママは?と訊いて幼子はママなき午後を気丈に過ごす
地団駄を見せてくれたねありがたう見たかつたんだ君の地団駄
四歳をぐぐつと抱けば背骨あり 死にたくないな君が死ぬまで

さらに今の時代を生きる大人の一人として、地球のあちこちで起きている事件に胸を痛め、憤る歌人の姿があります。ジャーナリスト・後藤健二さん殺害の報せが歌になり、ガザ地区に無関心でいられない心情が歌になり、授業でぶつけたのであろう国内政治への怒りが、生徒を経由してまた歌になっていきます。時代への怒りは、「娘や生徒が生きていく世界が希望の持てる世界であって欲しい」という願いと、表裏一体なのでしょう。

教員、夫、父。一つひとつの心の揺れが、一粒ひと粒の歌になります。それらがまとめられ、相互に浸透し合いながら一冊の歌集として立ち上がってくるさまもまた、ぶどうという言葉に象徴されているように思えました。

われを見てンンンッ?と言ふ一歳児ぶだうのことば話すみたいに

(*December 2019*)

Learning

# 学ぶ

School × Teachers

学校×先生

私は学校が好きでした。先生や友人に恵まれたのだと思います。

子どもたちにとって、先生というのは最も身近な「親以外の大人」の一人ですよね。子どもたちがさまざまなタイプの大人と触れ合えるということも、学校の良さの一つだと思います。それぞれの先生が肩肘張らず自分の得意分野を活かしてやっていれば、全体としてバランスが取れてくるのではないでしょうか。

私自身は、自分のダメなところや失敗する姿を子どもたちに晒せる大人でありたいです。

## 26『せんせい。』重松 清

2003年6月。2週間に及ぶ母校での教育実習を終え、鹿児島を後にする日。深夜の鹿児島中央駅から、急行列車で大分へ向かいました（旅がしたかったのです）。出発の時刻まで、H先生（中高の6年間で3回担任をしていただいた）が付き合ってくださいました。間もなく列車が動き出そうとするその時、ホームまで見送りに来てくださった先生が「ほい」と手渡してくださった袋には、コーヒーやらチョコレートやら。「んじゃ、鹿児島で待ってますから」とおっしゃったその言葉が、まさか1年も経たないうちに現実になるとは思いませんでした。私は母校に戻り、「せんせい。」と呼ばれる職業に就きました。

この小説集には、教師と生徒をめぐる六つの物語が収録されています。が、いずれの話にも、授業の描写はほとんどありません。生徒と教師という関係性の中で、それぞれの先生の「人間」としての部分が垣間見えてくる話ばかりです。我が子の誕生を前にニール・ヤングの曲を弾き語りたくて、ひと夏かけて生徒にギターを習う先生。一人の生徒をどうしても好きになれなかった先生の葛藤や、長い間野球部の監督をしてきた先生の後悔。とても泥臭い。

でも、泥臭いからこそ、そこに人としての成長があるのだと思います。

「泣くな赤鬼」という話の中で、がんで死にゆくかつての教え子を前に赤鬼先生は思います。

わかっている。わかっていても、私は、定年が見えてきたこの歳になって、教師だって学ぶのだと知った。たくさん後悔して、申し訳なさも背負って、なにを学んだかわからないまま、学ぶのだ。

そうです。「せんせい。」こそ、学ぶのです。学問という意味でも、経験という意味でも。そんなふうに人生を味わい深めていって、「あ、こんな大人になりたいな」とちょっとでも生徒に思ってもらえたなら、きっとその先生は良い先生になれるのではないでしょうか。

小説を読むことを通してさまざまな職業の人生を追体験できるのも読書の醍醐味かもしれません。将来の仕事とその仕事に裏打ちされた人生の諸相を学ぶために、気になる職業を描いた小説を読んでみるのは楽しい経験だと思います。

(*July 2011*)

# 27『16歳　親と子のあいだには』平田 オリザ（編著）

16歳の頃ってどんなふうに過ごしていたかなぁ……

学年でいうと、高校1年生から高校2年生にかけて。考えてみると、16歳の1年間というのは、自分にとっていろいろな意味で転機となった1年でした。

私にとって、高1の1年間は、ラ・サールで過ごした6年間の中で最もキツイ1年だったと思います。中学寮は縦割り8人部屋ですが、高校寮は個室。その環境にうまく慣れることができず、常に寂しさを抱えていました。中学からずっと続けてきた野球部で、友人とうまくいかなくなってしまったということもあります。自分の思い上がりが原因だと今ならわかりますが、自分が「避けられている」とはっきり意識せざるを得ない状況は、なかなか辛いものでした。さらに、苦手な理系科目を大量にこなさなければならないこともあって、成績面でも不振に。

学校でうまくいかず、部活でもうまくいかない。自分が情けなくて、三畳一間の寮の自室に戻ってベッドに横になれば、そのまま天井が落ちてきそうに感じられるくらい寂しさを感じたものです。

そんな中どうにか落ちるところまで落ちずに踏みとどまっていられたのは、担任だったH先生や英語のM先生のおかげだと思います。H先生はどんな時でも明るい人でした。M先生には、生徒の事情がどうであろうとやらなければいけないことは必ず最後までやらせきる、筋の通った厳しさがありました。私はそんな先生方が好きだったのです。先生方の明るさや厳しさに、ギリギリのところで救われていました。

高校1年生の3学期を迎える頃、自分の中に静かな変化があったことをなんとなく覚えています。長い2学期を何とか乗り越えたという安堵がもたらした変化だったのでしょうか。「自分ではどうすることもできないことがある」という事実を受け入れていました。私は、友人を含め他者に「なんとか振り向いてもらおう」とあがくことをやめました。意識を他者に向けて、空虚な自己を空回りさせている場合ではありません。自分自身を充実させることにこそ、もっと意識を向けなければ。

「孤独の正体とは自分自身の重さだ」。そう気づいたのだと思います。何もかも投げ出して、親元へ帰ってしまおうと思ったこともあるけれども、結果として私は、何とか踏みとどまろうと最後までもがきました。それでよかった。寂しさに耐えるとは、自分を大切にするということだったのです。そう気づいた時、何かが変わり始めました。春が来て、それまで凍っていた川が不意に音を立てて流れ始めるように。

それからの2年間は、よい思い出しかありません。山岳部に入り直しました。何もかもが新鮮で楽しかったです。文系に進み、科目的にもだいぶ楽になりました。かつて何をやってもうまくいかなかったのが嘘のように、勉強も部活も、やること全てが楽しく感じられてきて、いつしか自信をもって友人たちと向き合えるような状態に戻っていきました。一日を終えて寮の個室に戻っても、「寂しい」とはもう感じませんでした。

さて、今回紹介する本は『16歳　親と子のあいだには』。さまざまな大人たちが16歳だった自分を振り返り、主に親子関係に焦点を当てて語っています。それぞれの16歳に、皆さんの「今」はどれくらい重なっていくのでしょうか。

親元を離れた私にとって、ある意味で先生方は親代わりの存在でもありました。トンネルの中でもがいていた私を支えてくれた先生の明るさや、勉強する気になれなかった私を叱咤激励してくれた先生の厳しさを、今になって懐かしく思い出します。私がもしかしたら無意識になぞりたがっている、漠然とした「先生像」の中には確かに、あの頃目にしていたH先生やM先生の面影が宿っていると思うのです。

*( June 2013 )*

## 28『脳と気持ちの整理術——意欲・実行・解決力を高める』築山 節

実は来年が、母校で先生になって10年目の年になります（2013年現在）。これまでの人生で、初めて何かを10年間続けることができました。中学で始めた野球は4年で辞めてしまったし、寮生活は5年で終わってしまったし、10年続ける覚悟で飛び込んだストーニー語の研究はたった3年で離脱してしまいました。教員になって5年目あたりでは、「もういいや、教員は辞めよう」と考えた時期もあったりして、「自分は6年以上一つのことに取り組んでいくことができないのではないか」と悩んだこともあります。だから、10年間先生を続けてくることができて、とても嬉しいです。思うのは、「長いスパンで何かを続けることで得られるものは確実にある」ということ。「続けたからこそ見えてくる世界」、逆に言えば「続けなければ決して見えない世界」というのは確かにあります。

これまで教員として過ごしてきた日々の中には、気持ちよく時が流れていった時期もあれば、毎日がしんどい時期もありました。「自分には教員なんてムリだ」と、気持ち的に追い詰められていた頃もあります。けれども、あの時逃げなくてよかったです。最初からなんでも器用にこなせる人のほうが少ないですよね。多くの人が、最初は右も左もわからない中、必死でもがきながら、少しずつその世界で通用する実力を身につけ成長していくのでしょう。私の友人の中にも、やはり20代後半で仕事の壁にぶつかり、悩み、それを乗り越えた30代前半の今、「本当の意味で仕事がおもしろくなってきた」と語る人は多いです。

さて、今回紹介する本は、どうすれば教員としての責任を果たせるのかわからずどん底であえいでいた時期の私に、どんな時も仕事をきちんと「前に進めていく」ための実践的な方法を教えてくれた本です。この本に書かれていた内容を実行したことで、「仕事を前に進めていく」技術は相当程度向上したという感覚を、私はいまだに持っています。

それまでの私は、何かイヤなことがあってダメージを受けるとすぐにそれが生活全体を支配し、ありとあらゆる業務が重たく感じられて、仕事の能率が大幅にダウンしていました。その結果、「やるべきことがあるのにやっていないなぁ」といつも心に何かが引っかかっているような状態で、成果は上がらないのに心身のエネルギーだけは必要以上に消耗されていくという負のスパイラルに陥っていたのです。

そんな負のスパイラルを断つ実践的な手がかりを与えてくれたのがこの本でした。もちろん、「この本を1冊読んだおかげで状況が劇的に改善した」ということではなく、さまざまな要因から少しずつ状況が改善されてきたのですけれども、窮地を抜け成長していくきっかけをくれた本の1冊だったことは間違いありません。

『一日一日、やるべきことをきちんとこなしていかなければならない』ことくらい頭ではよくわかっている。でも、それがなかなかできないからこんなに追い込まれているんじゃないか」という人。心配はいりません。いや、心配になるのはわかりますが、安心もしてほしいのです。著者もこう書いています。

私が専門医として日々実感しているのは、脳はやる気を失いやすいものだし、見聞きした情報を忘れやすいものだし、思考を混乱させやすいものだということです。

自分だけが特別なのではありません。大切なことは、そういう脳の機能的な制約を理解した上で、それを補うような脳の使い方を工夫することだといえるでしょう。

「『よし！　今日は帰ったらすぐ机に向かって、しっかり試験範囲を勉強するぞ』と決意して家（寮）に帰ったのに、ご飯を食べてお風呂に入った瞬間にその決意は吹っ飛び、ダラダラ過ごして日付が変わる頃後悔をし、寝る」という生活パターンを変えたい人。本書を読んで、なるほどと思ったアドバイスを一つでも二つでも実行に移してみてはいかがでしょうか。

（*February 2013*）

## 29『脳が認める勉強法——「学習の科学」が明かす驚きの真実！』

ベネディクト・キャリー／花塚 恵（訳）

皆さんに英語を教える上で、自分の方法論を根拠なく押し付けることがないように気を付けたいと思っています。

私が中高生だった頃、「単語はとにかく書いて覚えよ」ということが金科玉条のごとくいわれたものです。私も「書いて覚える用のノート」を作り、それこそ紙も手も真っ黒になるまで単語を書いていました。大学に入ってからも、私は長いこと、「書きまくって覚える」という教えの信奉者であり続けたのです。当然、かなりの時間を書きまくることに費やしていました。その過程に意味がなかったとは思いません。しかし自分がそうしてきたからといって、皆さんに対しても「とにかく書け、書けば覚える」という指導をすることは、はたして正しいといえるでしょうか。

勉強のしかたを指示する際には、それが客観的に有効なのかどうか理解して語る必要があります。「自分はそうやってきたし、自分には有効だった」ということだけを根拠に、ある方法を無批判に勧めることには慎重であるべきでしょう。

本書は効果的な学習法について説明した本です。科学的に裏付けのある研究結果をもとに、「有効な勉強のしかたとはどのようなものか」が具体的に指南されている点が大きな特徴といえます。

本書によると、ただ単に「書き写しているだけ」「テキストを再読するだけ」の勉強では、ほとんど記憶に残らないそうです。脳みそにかかる負荷が〝しょぼすぎる〟のですね。「写すだけ」「再読するだけ」では勉強ではなくただの作業であり、いくら作業を積み重ねても、内容は記憶にほとんど残りません。ノートや教科書をさらっと見ただけで「わかったつもり」になっていたものの、いざテストとなるとほとんど結果を出せないのもそういうことなのでしょう。授業中がんばって黒板を写したとしても、写すだけで終わってしまっては、学習効果は望めないということです。

同じように、いくら英単語を書きまくったところで、「単語を見ながら紙を汚しているだけ」ならあまり得るものはありません（誤解のないように書いておきますが、覚える際に「書いてみる」ことは重要です。「書きまくりさえすれば覚える」と考えるのは幻想だということです）。

では、覚えるためにどうすればいいのか。本書によると、学んだ内容を長く記憶にとどめたいならば、「脳内のデータに検索をかける」ことが有効です。つまり、「何も見ないで思い出す努力をせよ」ということです。さらに、学んだ内容を「思い出しながら自分の言葉で説明してみる」とさらによいそうです。その過程によって、自分が理解していないことも明らかになるし、結果として理解が深まり知識が定着するのですね。これを「想起」と呼ぶのですが、私も実感を持って「想起は有効だ」と思います。単語や漢字なら、覚えるべき語を「見ないで書く」ことを習慣にする。社会科にしても、ノートを左から右へ書き写すことを復習と呼ぶのではなく、授業で習ったことをまずは自分の言葉でまとめ直してみて、それから復習するとよい。これは読書にも応用できるテクニックです。

さらに言えば、「授業をする」ということはまさに「自分の言葉で何かを説明できるようになること」です。誰かに授業をするつもりで勉強してみるのも、おもしろいかもしれませんね。

以下、この本で得られる多くの知見の中から、すぐに活かせそうなものをあと三つ要約して書いておきます。

- 「わからないから」と問題を解かなければ何の進歩もないが、たとえ失敗したとしても解いてみることで着実に進歩がある。よってテストの空欄はすべて埋めるべし。ただし明らかにふざけた答えを書くのはダメ。
- 最短で暗唱できるようになるには、かける時間の最初の3分の1を「覚える」ことに使い、残りの3分の2は「暗唱そのもの」の練習に充てるとよい。
- 睡眠は重要。起きているだけムダ、という状況になったらさっさと寝るべし。

「自分が学生の頃にこのような本に出会いたかった」と思う一冊です。

（*December 2016*）

## 30『先生はえらい』内田樹

質問です。皆さんにとって、「先生」とはどういう存在ですか。勉強を教えてくれる存在？ ホームルームで話をしてくれる人？ 時折叱る人？ では、次の質問。皆さんは先生方から日々「何を」学んでいるのですか。N先生からは「体育」を、私からは「英語」を、M先生からは「読解」を、K先生からは「代数」を、それぞれ学んでいるのでしょうか。

もちろん、そういう側面はあります。確かな学力を身につけていくことは、学校教育における大切な意義の一つですね。でも、学力向上のためだけに、私たちは学校生活を営んでいるのでしょうか。「それだけではないはず」と思いませんか。

「師弟関係というものを商取引の関係から類推してはなりません」と、本書の著者は言います。「商取引の関係」とは、自動販売機の関係です。「あー、コーラが飲みたいなぁ」と思った人が自動販売機に行き、しかるべき対価を支払うと、ほしかったコーラは確実に手に入ります。商取引とはそういうことです。

先生と生徒の関係はそうはいきません。皆さんが「英語の助動詞がわからないから教えてほしいなぁ」と思うとします。その際、「生徒が先生のところへ行き、1000円払ってお願いすると助動詞について教えてもらえる」などという学校、あったらイヤですよね。そういう、全てが金額に換算されるような関係を「師弟関係」と呼ぶことはできないし、そのような人間関係の中では本当の意味での「学び」は成立しないと、著者は語っています。先生と生徒の関係というのは、「しかるべき対価の代償として、先生が持つ知識や技術が生徒へと伝えられていくような関係」ではない。

それでは、「先生と生徒の関係」とはどのような関係だと考えられるのでしょうか。そして、その関係性の中で「学びが成立する」とはどういうことなのでしょうか。

この問いに興味を持った人にはぜひ本書を手に取ってもらうとして、以下、この本を読んでの私から皆さんへのメッセージです。

それぞれの先生方が醸し出す「なんだかよくわからないもの」について、皆さんは問うことをやめてはいけません。学びの場において、「この先生はいったい何者なのだろう？　何を伝えようとしているのだろう?」という根源的な問いを発し続けてください。そう問うことで、大切なことを「勝手に」学んでください。それが、「学びの主体性」ということなのです。

著者は、本書の終わりにこう記しています。

私たちが「あなたはそうすることによって、私に何を伝えたいのか？」という問いを発することのできる相手がいる限り、私たちは学びに対して無限に開かれています。私たちの人間としての成熟と開花の可能性はそこにあり、そこにしかありません。

私が「先生はえらい」ということばで言おうとしたのはそのことです。

え。「何が言いたいのかわからない」って？

そうです、それでいいのです。そこに学びが起動します。あとは疑問を抱えながら、本書を読んでみてください。

（*April 2016*）

## 31 『努力論――決定版』 斎藤 兆史

先日の「南日本新聞」に、高校時代の恩師の川柳が載っていました。2か月ごとに最も選者の印象に残った句に贈られる「南日柳壇賞」を受賞されたようです。

## まだ傘寿降車ボタンは先の先

先生の句の後には、選者の「評」がついています。

「もう傘寿」ではなく「まだ傘寿」であるところに、意志を強く持って努力しようという気構えがあってたくましく感じられること。また、人生を路線バスなどの車両にたとえ、降車ボタンを引用した発想の奇抜さがこの句を秀逸にしていることなどが記されていました。

作者であるM先生は私にとって恩師の一人です。高2、高3と英語を教えていただいただけでなく、私自身が母校に就職して教員となってからは、この道の先達としてことあるごとにアドバイスをくださいました。退職されてからも長らく非常勤として勤められたのですが、「体力的にさすがにきつくなりました」とおっしゃって完全に身を引かれてから6年になろうとしています。

私が2年目の担任をしている頃、ホームルームの様子を目にした先生が「丸山君は生徒に遠慮しすぎているよ。もっとバーンと出ていかないと」とおっしゃったことがありました。「そうですよね……」と答えたものの、その「バーンと出る」勇気を持てずにもがいていたことを昨日のことのように覚えています。もがく私の隣の席で、M先生はいつも毅然と生徒を叱りきっていました。もう10年位前のことです。あの頃と比べれば、私も少しは生徒に対してずうずうしくなれたのかもしれません。でも、「まだまだだなぁ」と思います。

退職後も私のことを気にかけてくださり、節目には電話をくださるのもM先生です。

初めて中1から高3まで持ち上がった生徒たちが卒業し、その入試結果があらかたわかった時には「お疲れさんでしたね」と。また、入学したての生徒たちと1年を過ごし、おおよそ生徒たちの雰囲気が見えてくる頃には「どうですか、今度の生徒たちは」といったように。

ちょうど1年前の春頃にも、電話をくださいました。そのときは「南日本新聞で見たよ。鹿児島マラソン、完走おめでとう。すごいね、君は」と開口一番ほめてくださいました。

続けて「ああいうのは、生徒にとってもいいんですよ。特に中学生はね、自分たちの先生はすごいんだーって、授業にも好影響が出てくるんです」とおっしゃいます。「ありがとうございます」と答えながら、いつまでも生徒想い、学校想いの先生に自然と頭が下がりました。母校で教員生活を送る中で、M先生の存在を私はいつもどこかに感じています。

まだ傘寿降車ボタンは先の先

思いがけず新聞で恩師の句を目にし、「まだまだ楽しみはこれからですよ」と笑う先生の気概を目の当たりにして、しみじみと嬉しく、私もがんばろうと思うことでした。「そのあり方に触れて生徒が勝手に努力してしまう」というのが、いくつになっても先生の理想の形だと思います。

今回紹介する本の著者・斎藤兆史さんは東京大学教授で、専門は英文学。日本人の英語学習史にも大変造詣が深く、含蓄に富む著書を多数出版されています。その斎藤先生が、現代にはびこる「労せず功を得ようとする風潮」を憂慮し、結果につながる努力のしかたとはいかなるものかを、偉人のエピソードをもとに示されたのが本書『努力論』です。方向違いの頑張りは無用の挫折感を生みますので（そして自分がその状態であることに気づいていない人も多い）、努力の方向性を間違えないように常にモニターする意識は大切です。

5章から構成されています。1．高い目標をもって（立志）、2．修業に打ち込み（精進）、3．夢中で取り組む（三昧）。4．ときに大きな壁にぶつかっても（艱難）、5．それを乗り越えてすばらしい業績を残す（成就）。

恩師、そして偉大な先人たちの存在は元気とやる気の源です。一読してみてはいかがでしょう。

（*March 2018*）

## 32『子どもにかかわる仕事』汐見稔幸（編）

教員になってしばらくは、教員の仕事とは、授業を通して「勉強を教える」ことだと思っていました。そのため、私の授業は一方通行だったと思います。私が話す。生徒たちは聞く。どこまでもその構図は変わりません。それでも、余談がまあまあウケていたため「自分の授業はうまくいっている」と慢心していました。若さゆえでしょうか。

いくつかの苦い経験も経て、いつしか私は、「授業というのは単に勉強を教えるだけの場ではない」と思うようになりました。今では、授業とは、教科を介して教員と生徒が「50分間かかわり合う場」だと考えています。

教員が授業を通して教えているのは、それぞれの教科ではなく、結局のところ「人」なのだと思います。それぞれの先生の、わかりそうでわからない人間的な魅力こそ、時を経て生徒の中に残っていく何かなのではないでしょうか。もちろん、勉強を否定しているのではありません。担当科目において、生徒の成績を伸ばすことはとても大切です。だからこそ、生徒たちには主体的に学習に向かってほしい。そのためにはどうすればよいかといえば、先生自身が学びも含めて人生を楽しんでいる姿（つまりその先生の魅力）を見せることが何より説得力を持つと思うのですね。この意味で、授業を先生と生徒とのかかわり合いの場にしたいと思っています。

教師という仕事もまた、「子どもにかかわる仕事」です。

「子どもにかかわる」あるいは「人を育てる」ということは、ある一点において孤独です。その一点とは、結果に対してあくまで自分が責任を負うべき部分です。

私は英語の教員ですから、「生徒に英語力をつける」というその一点に関してもしうまくいかないことがあれば、全て自分に返ってきます。何を教材に使い、どんな方法で、どんな見通しで授業を進めていくのか。自分で考え、決断し、実行していかなければなりません。

220名の英語力。責任重大ですが、やりがいも大きい。

一方で、人を育てることは決して孤独ではありません。

例えば、私にとって何より心強いのは、同僚、とりわけ同じ学年を担当する先生方と協力しながら教育活動にあたることができているという実感です。何か問題が起こった時、「自分一人で解決しなければならない」と考えて、背負い込んでしまうほど、孤独にさいなまれることはありません。一人で背負ったらだめです。チームの中で、それぞれに一致団結して「人を育てる」という共通の目標に向けて動いているという実感を得られる時、内側から力がわいてくることを感じます。

そして、「子どもにかかわる」「人を育てる」という仕事の前には子どもたちがいます。私の場合、子どもから大人への成長の真っただ中にいる生徒たちがいます。それがどんなにありがたいことなのか、教員として年を重ねるごとに思いは深まっていきます。

「子どもにかかわる仕事」、「人を育てる仕事」は時に孤独で、でも常に人間であることの喜びに満ちています。この本を読んで、私はその思いをいっそう強くしました。

この社会には本当にさまざまな「子どもにかかわる仕事」があります。この本で紹介されているだけでも、助産師・小児科医・保育士・小中学校教員・学童クラブ指導員・養護教諭・スクールソーシャルワーカー・スクールカウンセラー・フリースクール主宰・家庭裁判所調査官・弁護士など。そしてどの分野であっても、本書に出てくる人たちはみな、悩みや困難も含めて、自分の仕事に誇りを持ち、自らのかかわる子どもたちを深く愛しています。孤独を引き受けながら、人とのつながりを何より大切にしています。自分がかかわるそれぞれのいのちを、心から慈しんでいます。そう実感しました。

心温まる、そして、勇気づけられる一冊です。


（*April 2012*）

## 33『質問する、問い返す――主体的に学ぶということ』名古谷 隆彦

「大学入試までは、いつも決められた選択肢から正解を選ばされてきたのに、大学生や社会人になった途端、自分で考えて主体的に行動しろと言われる。そう簡単に人は変われませんよ」

本書で紹介されている哲学カフェに参加中の男子学生は、苦笑交じりにそう言ったそうです。ある意味、耳の痛い言葉です。私もことあるごとに「主体的な学びが何より大切だ」と生徒たちに言っています。しかし、「主体的に学ぶ」とはどういうことなのか。また、どうすれば「主体的に学ぶ」ことが可能になるのか。これらについて、必ずしも明確に答えられるわけではありません。主体性とは一体何なのでしょう。

この問いについて考える一助としたくて本書を読みました。著者は、二つの行為をキーワードに挙げています。それが、タイトルにある「質問する」と「問い返す」です。どういうことでしょうか。「質問をする」は、すでに皆さんになじみのある行為ですね。質問をするためには、自分の中に「問い」がわき上がる必要があります。「あれ、急にあいつの態度が変わったけど、何か怒っているのかな?」「N先生はいったいどうやってあの鋼の肉体を手に入れたのだろう?」「M先生は中学生の頃、どんなことを悩んでおられたのかな?」「校則は何のためにあるんだろう?」「なぜ世界中でこんなにも格差

が拡大していくんだ⁉」

このような疑問、感動、共感、怒りの全てが「問い」の源です。そして、これらの「問い」を自分の中に閉じ込めてしまうのではなく、質問の形にして相手に差し出すことは、たいへんに「主体的な行為」であると著者は言います。「問いを抱き、実際に質問すること」は、主体的な学びの第一歩なのです。

質問すれば、答えが返ってきます。それを踏まえてさらに会話を発展させる行為が、「問い返し」です。問い返しでは、自分が試されます。はたして自分の中に相手に問い返せるだけのものが備わっているのか。「相手のことを知りたい」とか「このことについて深く考えたい」という気持ちがないと、相手から回答が返ってきただけで満足してしまうでしょう。問い返していくことで、自分が抱いた問いから、深い学びが始まっていきます。

「質問する。回答を得る。さらに問う（＝問い返す）」。この営みの繰り返しの中に、「主体的な学び」がありうるのではないか。そこで本書は、「問い返しの現場」を具体的に描くことを通して、さまざまな学びのありようを読者に示し、主体的に学ぶことの意味を問いかけます。「中学生から大学生を念頭において」書かれているため、学校現場やテストをめぐる考察が多いです。というわけで、皆さんもここで提起される問題を共有しやすいのではないでしょうか。

ちなみに、教育に携わる大人が長期的展望を見失い、目先の数値に振り回されて試験対策に終始するようになるといかに悲惨か。それは、「全国学力テスト」をめぐるエピソードとして、本書第3章に記述されています。こうなると悲劇です。学びから主体性を奪ってはいけません。

この本に出てくる学びの場の多様な在り方を知り、私は「学校現場には私が活用しきれていない『可能性』がたくさんあるなぁ」と感じました。興味を持った人は、ぜひ本書を読んでみてください。「そうか、本質を突き詰めて考えるとはこういうことなのか」と、具体的に納得できることもたくさんあると思います。与えられた問いに答えて満足するのではなく、問いそのものを疑ってみたり、友人の意見に耳を傾けたり、自分の考えを深めてみたりしたくなるのではないでしょうか。

「自分の目で見て、耳で聞き、身体で感じる体験をどれだけ持っているかが、人の思考や判断を大きく左右する」とは、本書に出てくる言葉です。自分で体験してみてこそ、「問い」がわき上がってくるのです。皆さんがそれぞれの環境を活かし、そこで出会った多くの先生や友人と学びを深められたらいいなと思います。

(*November 2017*)

# 34『名画と読むイエス・キリストの物語』中野 京子

以下、担当している生徒たちが中学1年生だった頃の学年集会で話した内容です。

私たちの学校はどのような学校なのか。私なりに考えたことをあらためて言葉にしてみます。

1．教室のポスター

各教室に、校長先生をはじめブラザーであられる先生方が作成されたポスターが貼られています。「長く活用してほしい」との想いが込められて、丈夫な紙で作られています。そこに記されているのは、以下の言葉です。

① TRANSFORM LIVES
② TOUCH HEARTS
③ INSPIRE

いずれもその上に小さく I want to と添えられていますから、I want to まで含めてひとまず訳すと、それぞれ以下のような意味になります。

①私は生き方に影響を与えたい。
②私は心に触れたい。
③私は鼓舞したい。

この言葉を、私たちはどのように受け止めればいいのでしょうか。例えば、①で「私は生き方に影響を与えたい」という時、その「生き方」とは誰の生き方を指しているのでしょう。

それを一緒に考えてみたい、というのがこの文章全体の趣旨です。

2. Indivisa Manent について

少し話を転じます。皆さん、高校校舎の入り口に"Indivisa Manent"という言葉が掲げられているのを知っているでしょう。それが「共にとどまれ」という意味のラテン語であることも、多くの人が聞いたことがあると思います。

しかし、「共にとどまれ」とはどういうことを意図して発せられた言葉なのでしょうか。「いつまでもここラ・サールにいなさい」ということなのでしょうか。なんだかしっくりきませんね。

私は次のように考えます。

「個人」は英語で individual といいます。individual を分解すると、in(~できない) + dividual(=

divide［分割する］）です。つまり“individual”とは、もともとは「分けることができない」という意味です（「分割する」という意味の動詞 divide はぜひ覚えておいてください）。

世界を divide すると、国になります。国を divide すれば、それぞれの地域社会に分かれます。さらに地域社会を divide すると、家族になります。家族を divide すれば、家族を構成する個々の人間に分かれます。そして「個々の人間」は、もうそれ以上 divide することはできません。こうして、「もうそれ以上分けることができない」存在としての individual は、「個人」を意味することになるのですね。

Indivisa Manent に戻りましょう。Indivisa の部分に注目してください。Indivisa もやはり In + divisa に分解することができます。divisa も“divide”と同根の言葉ですから indivisa とは「分割されることなく」という意味になります。Indivisa Manent を英語に直訳すれば“They remain undivided.”このまま日本語にすると、「分割されないままでいる」ということです。

私は長いこと、Indivisa Manent の意味について考えてきました。「共にとどまれ」とはいうものの、ここは学校です。生徒たちは時期が来ればより広い世界へと羽ばたいていくはずだし、そうでなければなりません。それなのに「共にとどまれ」というのは、巣立っていこうとする生徒たちを自分の都合でとどめておこうとするような、そんな後ろ向きなイメージさえ感じていたのです。

しかしある時、「そうではない」と気がつきました。Indivisa Manent とは「いつまでもここにい続けなさい」という意味ではない。

今では、次のように考えています。

卒業しラ・サール学園を旅立っていく日は、いずれ必ず来ます。その事実を前に私たちが考えるべき問題は、「卒業の日にどこへ向かうか」だけでなく、「卒業の日が来るまでの日々をここでいかに過ごすか」ということの中にもあるはずです。おそらく聖ラ・サール師は、卒業の日ではなくここで過ごす「今」に対して Indivisa Manent と発したのではないか。そのように考えて、改めて Indivisa Manent を解釈すれば、「君たちがこの学び舎を巣立っていくその日まで、せっかく同じ場所に集った自分たちの中につまらない分断線を引くな」。この言葉はそういう意味なのではないでしょうか。

3.「分断」について

ともすれば私たちは、自分の所属する集団の中にいとも簡単に分断線を引いてしまいます。「俺たちは権力者」「あいつらは頭いい。俺らとは違う」「あいつらちょっと変じゃね？」といったように。

そして、分断線の向こう側にいる人たちをはっきり「自分たちとは違う」と位置づけ、時に敵視するのです。その一方で、分断線のこちら側にいる人たちは必死になって、「お互い仲間であること」を確認し合おうとします。確認の手段として、分断線の向こう側にいる（と自分たちが勝手に思っている）人を一緒になって攻撃するという事態もしばしば生じてきます。悲しいことと言わねばなりません。分断がいかにお互いに対する不信と憎悪をかき立てるかは、はからずも2016年の大統領選後のアメリカの混乱を見れば明らかです。その状況について、"The Divided States of America"（分断されたアメリカ）と表現したメディアもあるほどなのですよ。

もう一度言います。Indivisa Manent とは「分断せずにあれ」。「自分たちの中に分断線を引くことなく、お互いの違いを認め、受け入れ、調和のうちに学べ」という意味だと私は考えます。

4．I want to の重み

既に見たように、聖ラ・サール師は私たちに「まとまれ」と説きます。私たちはまとまらなければなりません。しかし、何もないのにただまとまるということはないはずです。ばらばらの棒が要《かなめ》で結びついて扇となるように、私たちを「まとまり」へと導いてくれる何かが、必要なのです。

ここでもう一度、冒頭の3枚のポスターに戻ります。

このポスターにおいて私が最も心を動かされるのは、それぞれの言葉に添えられた I want to の3語です。それぞれの言葉は、私には以下のように響きます。

①ブラザーである私は、生徒たちの生き方に影響を与えたい。
②ブラザーである私は、生徒たちの心に触れたい。
③ブラザーである私は、生徒たちを鼓舞したい。

つまりこれらの言葉は、「人生を教育に捧げる」と決意したブラザーの方々の、文字通り魂が込められた言葉なのだと思います。このような思いを、英語でmission（使命）というのでしょう。キリスト教の学校であることを表す「ミッションスクール」という言葉の中に、「使命を抱いた人たちによって設立・運営されている学校」という意味を読み込むことも可能だと思います。

先ほど私は、「私たちを『まとまり』へと導いてくれる何かが、必要なのです」と書きました。ラ・サール学園に学ぶ私たちを「まとまり」へと導いてくれるもの。それは、使命を抱き、人生を懸けて教育に尽力してくださるブラザーの存在にほかなりません。ブラザーの存在が、私たちをここにとどまらせるのです。

私は生徒として6年、教員として12年をラ・サール学園で過ごしてきました。ある学校が、「人生を懸けて教育にあたってくださる方々によって支えられている」という事実がいかにありがたいことか、年を経るほどにひしひしと感じます。

教室に貼られたポスターを見るとき、I want to... に込められたブラザーたちの人生、聖ラ・サール師から連綿と引き継がれてきたブラザーたちの想いを感じてほしいと思います。そして、そのもとに集い、分断ではなく調和の中でこそ学びを深め、お互いを高め合っていくことを、考えてほしいのです。

さて、ようやく本の紹介です。

勤務校のこのような背景もあり、キリスト教徒ではない私も、キリスト教について大いに関心を抱くようになりました。一時期、キリスト教関連の本を貪るように読んだものです。その中で、「日本人にとってのキリスト教とは何か」という問題意識において遠藤周作氏がいかに大きな仕事をなさったのか、その知的な営みに圧倒されたりもしました。

キリスト教の知識があると、西洋画を見る楽しみが増えます。旧約聖書・新約聖書に出てくる有名なエピソードを頭に入れた上で絵を見ると、それまでは何を描いているのかまるでわからなかった西洋絵画の中に、自ずと物語が見えてくるのです。これは楽しいですよ。鹿児島から長野への帰省のたびに、東京・上野にある西洋国立美術館に立ち寄るようになったのも、キリスト教に関心を抱いたことがきっかけでした。

キリスト教について学ぶことで得られるものは多いです。

キリスト教の入門書と位置づけられる良書は多くありますが、キリスト教について学ぶ最初の一冊として私がお勧めするのが『名画と読むイエス・キリストの物語』です。文章と宗教画の相乗効果で、イエス・キリストの一生を臨場感豊かに辿ることができる名著といえます。本書で描かれるイエス像には遠藤周作氏の仕事が大きく影響しているであろうことも、私が本書を気に入っている理由の一つです。

(*November 2016*)

Visiting

# 訪れる

Iwate / Miyagi × Okinawa

岩手・宮城×沖縄

ラ・サール学園の修学旅行は、中学3年次。行き先は、当該学年の担任が相談して決めます。

「私たちはこれを伝えたい」という想いがなければ、自信を持って生徒を引率できません。一方で、「平和教育」的な安易な結論の押し付けは、生徒の主体的な学びを奪いかねません。私たちにできることは、生徒たちを現場へと導き、思考の材料を提供すること。何を感じ、何を考えるかは彼らに委ねます。私たちが目的地に選んだのは沖縄でした。

現場を訪ねることで、初めて見えるものがあります。

## 35 『はじめての沖縄』 岸 政彦

沖縄への修学旅行が近づいてきました。初めての沖縄になる人もいるでしょう。家族で何度も旅した、という人もいるかもしれません。「地元である」という人もいますね。

せっかく行くのですから、何か自分なりの興味・関心に基づいて沖縄について学んでほしいと思います。本を読んだり、沖縄を扱ったテレビ番組を見たりしてみてください。事前に学んで知っているからこそ、現地で感覚が鋭敏になり、より細やかに風景が見えてくるということがあるからです。

さて、本書はタイトルから連想されるような、カラー写真やイラスト満載のガイドブックではありません。そういう意味では、修学旅行に向けて「すぐに役に立つ」本ではないでしょう。沖縄の時事問題や歴史的事件、若者スポットやおすすめの食べ物についてわかりやすく知りたければ（もちろん必要な知識です）、適宜他の本にあたってください。

それでは、なぜあえて本書を取り上げるのか。それは、すぐには役に立たないとしても、何かについて「関わり続け、考え続ける」ことの魅力を、源泉かけ流しの温泉のような誠実さで伝えてくれる本だと思うからです。

著者の岸政彦さんは、沖縄でいうところの内地（沖縄以外の都道府県）出身の社会学者です。外から自分勝手に沖縄に恋い焦がれるだけの若者だった著者は、社会学的視点で沖縄を見るところから始めて、やがて対象の中に入り込み（＝沖縄で生きる人たちの話を聞き、自分について語る）、そしてまた外へと出てその経験を記すようになります。それを20年繰り返す中で、人との出会いや忘れられない風景が蓄積されていく。そのダイナミックな往還の中でしか、見えてこないものがあるのでしょう。それが、たとえば「沖縄とは、沖縄の人々のことである」といった象徴的な言葉に結晶していきます。

本書の魅力の一つとして、現地の人々とのやりとりを綴るディテールの妙を挙げることができるでしょう。粘り強く沖縄に通い続けてきた岸さんは、具体的な「人との関わり」を豊富に持っています。それらの記述に登場する情景の、細部が持つ不思議なリアリティが、強い力で読者を引き込むのです。たとえば、たまたま乗ったタクシーの運転手さんとのつかの間の出会いを記す文章には、紙ナプキンで綴られた小さなバレリーナの写真が印象的に添えられています。元県知事の大田昌秀さんとお酒を飲むときに目にしたのは、沖縄における「左右の解体」でした。

また、ご自身が聞き取った沖縄戦の体験談の中に、こんな話が収録されています。石垣島で避難生活を送った女性は語ります。マラリアの熱を下げるために、水を張り、母親の頭をつけたたらいの反対側から、蛇がその水を飲んでいた、と。

このような写真や言葉が、説得力を持つディテールとなり、著者の思考を支えます。

一方で岸さんは、得意げに沖縄通を気取る「内地のひと」に対する対抗意識や、かつて離島の宿で見た黒髪の美少女に自分が抱いた妄想とそれに対する嫌悪を隠しません。それすらも記述し、思考の素材として、時間をかけて考え、書き進めていくのです。

そして、この本で私が最も好きなところ。それは、「決して結論を押しつけない」ところです。この本には、結論めいたことはほとんど書かれません。ただ著者の経験と、それに基づく思考のプロセスが語られるだけ。それで十分味わい深いのです。

修学旅行の行き先を、担任である私たちは沖縄としました。ではこの旅行を通して、私たちは皆さんに何を伝えたいと願ったのでしょうか。訪ねてほしい場所や知ってほしいこと、感じてほしいものがあると思うから、沖縄を旅行先に選びました。しかし、沖縄で見たものをどう受け止めるかについて、わかりやすい「結論」を押しつけてしまうことがないように、常に注意していたいと思います。「平和教育」といった紋切り型のレッテルでわかったような気にさせて、単なる思考停止に導くことは、私たちの本意ではありません。

修学旅行は「きっかけ」にすぎないと改めて思います。皆さんが何かについて興味を抱き、考え続けていくきっかけです。今すぐでなくてよい。修学旅行を通して得られたそのきっかけが、時間をかけて発酵し、やがて皆さんの選択になにがしか響いてくれたら、何よりうれしく思いますし、そういう意識で準備を進めていきたいと思います。

せっかくの修学旅行です。沖縄で楽しい思い出をたくさん作ることができますように。

（*July 2018*）

## 36 『今なお、屍とともに生きる――沖縄戦嘉数高地から糸数アブチラガマへ』

日比野 勝廣

沖縄への修学旅行はいかがでしたか。台風の影響をまともに受け、風雨がいよいよ強くなる中、それでも修学旅行としてきちんと成立したのは、多くの方の尽力と少しの幸運に支えられたからだと思います。

糸数アブチラガマ（糸数壕）は、どうしても見てほしかった場所です。個人の旅行では、なかなか行く機会もないだろうと思います。台風接近の中、ギリギリのタイミングで訪れることができてよかった。

懐中電灯を手に、狭い階段を地下へと降りていきましたね。専属ガイドの語りに耳を傾け、73年前

（2018年時点）にこの洞窟の中で起きていた出来事をたどりながら、ガマの中を歩きました。「ここに入った人はついに誰も帰らなかった」というその空間の前で、ガイドさんの指示で懐中電灯を消した4秒間は忘れられないのではないでしょうか。あの闇の深さと、水滴の音を。

「読書と実体験の相互作用でものごとに対する理解が深まっていく」というのは、自分の経験を振り返っても普遍的にいえることだと思います。せっかくあの闇を体験した今こそ、この本を読んでみてはいかがでしょう。

著者である日比野勝廣さんは、あの闇からの生還を果たした数少ない兵士の一人です。戦闘で重傷を負い、破傷風にかかり、傷口にわく「うじ」とけいれんに苦しんでいました。動けない体で、ひたすらに水を求めていたそうです。投げ込まれた爆弾の爆発で地下水の近くに飛ばされたことが、日比野さんの命をつなぎました。

やがて少しずつ体力が回復したものの、敗戦を知らないままにガマで過ごしていた日比野さんたちは、8月の下旬にようやく発見されます。外に出るよう説得を受け、代表として単身ガマの外に出て行った時に目にした風景の記述は、あの闇で地獄を生きた日比野さんでなければ書けないものであろうと思います。少しだけ抜粋します。

幾月ぶりかで、昼間青空の下に立ってみて、ぎらぎら光る太陽を仰ぎ、緑なす山々を眺めたとき、それは、初めてカラー映画を観たときよりも美しく、鮮やかさには感嘆の声も出ず、ただ目をみはるばかりであった。自然の緑が、これほどまでに印象的であったのは、生涯でこの時だけであろう。ここに至っては、どのような条件下でも良い。死ぬまでこの光の中で生きたいと、一刻も早く、ガマから出たくなり、早速引き返し一同に伝えた。

さて、「今なお、屍とともに生きる」というタイトルについて。

このタイトルに込められた意味は、日比野さん自身の手記よりはむしろ、戦後の日比野さんの生き方を間近で見ていた家族の方々による文章において、より明確になるといえるでしょう。自分の命を救ってくれた「沖縄」を家族のように愛した日比野さんの、ある意味では不可解な行動を、長女の裕子さんが少しずつ理解していく過程には心動かされます。

日比野さんは、戦地での経験について、「忘れよう、忘れようとしてもふっと出てくる」と84歳になってなお口にし、うな垂れていたそうです。戦争を体験した人たちにとって、どんなに時間が経ってもその体験は過去形にはならないということがよくわかります。「死なずに帰ってこられてよかったですね」という話ではないのですね。戦から戻った人々は、それぞれの体験を背景に、「屍」とともにその後を生きたのです。

読み終えて、あのガマで感じた闇の深さに改めて思いをはせ、そして今まさに紛争のさなかにある国の人たちのことを思わずにいられませんでした。

（*October 2018*）

## 37 『宝島』 真藤 順丈

沖縄への修学旅行は2018年の忘れられない思い出です。

日記をひもといてみます。春休みの終わりに、担任4名で沖縄へ下見に行きました。「これはいい旅行になる！」という手ごたえを得て、生徒たちに修学旅行の行き先を告げたのは、4月6日の学年集会です。「修学旅行は沖縄へ行きます」と主任の先生が告げました。それに対する生徒たちの反応は、私たちの想定と少し異なっていました。もっと盛り上がるかと思っていたのですが、じゃっかん「え……」という空気が漂ったのです。そこで掃除の際、私はある生徒に尋ねてみました。

私「修学旅行の行き先が沖縄と聞いてどう思った？」

生徒「うーん、楽しみではあるんですけど、海で泳いだり水族館へ行ったりする以外にどんなことができるのか、あまり想像できないんですよね」

この答えに私は思うところがありました。旅行先が東京なら、あるいは大阪・京都なら、だいたいどんな旅行になるか想像しやすいでしょう。しかし沖縄は……。確かに、企業研修もディズニーランドもＵＳＪもありません。彼の答えは、一般的な中学生の実態を反映していたといえるのかもしれません。

私たちは燃えました。むしろ、「想定どおりの反応が返ってくる旅行先よりいい」と考えたのです。「修学旅行先を沖縄にしたいと思った私たちの気持ちを、これから半年かけてしっかり伝えよう」と、その時決意したのでした。もちろん、「平和は尊い」といった紋切り型のメッセージを押し付けたかったのではありません。歴史や現実をなるべくそのままに見てもらい、自分なりの考えを持ってもらえるよう心を砕きました。

結果として、締めくくりとなる12月の講演会まで、学年としてもずいぶん沖縄を意識して過ごしてきましたね。今、私はますます沖縄に惹かれています。そこで、本書を紹介します。

この小説は1952年から1972年、米軍統治下にあった沖縄で、大きな力と戦い続けた人たちの物語です。語り手（ユンター）はある種独特な視点から語っており、ウチナーグチ（沖縄方言）のルビ効果もあって、読み進めるうちどっぷりとその沖縄の世界にハマります。壮大な物語の中で、フィクションと現実の境界が曖昧になっていく快感をぜひ味わってください。当時の沖縄の空気のようなものが、見事に描き出されていると思います。

おためごかし《ユクシ》、空約束《ユクシ》、口からでまかせ《ウフユクシ》。
それらをテーブルに並べて、沖縄《ウチナー》を裏切ってきたのが日本《ヤマトゥ》だ。
アメリカに追従するばかりで、不都合な真実にふたをしてきたのが日本《ヤマトゥ》だ。

あるいはこんな言葉も。

返還によって日本《ヤマトゥ》のはしっこに加えてもらうんじゃない。国家の首都の座を獲得するのさ。（中略）戦争をしないことにした日本《ヤマトゥ》の平和がアメリカの傘下《さんか》に入ることで成立しているなら、その重要基地のほぼ全てを引き受ける地方が国政をつかさどるべきだとは思わないか。地図の片隅にある島だなんて先入観にとらわれるな、それは本土《ヤマトゥ》の人間が描いた地図なんだから。

基地問題について学んだ今、皆さんは作中で語られるこのような言葉に対し、どのような考えを抱くでしょうか。

私がこの小説を読んでいるまさにその時、沖縄では普天間基地の辺野古への移設のための埋め立てをめぐる県民投票が実施されていました。結果は反対票が72％（43万４０００票）と圧倒的多数を占め、沖縄の民意はこれ以上ないほど明確に示されたことになります。

はたして日本という国はこの結果にどう向き合っていくのでしょうか。『宝島』を読めば、いっそう他人事ではいられない気持ちになります。グスク、レイ、ヤマコ。英雄オンちゃんを心に抱いて、基地の島で必死に戦った人たちの熱い物語が胸に刻まれたからだと思います。

（*March 2019*）

## 38『宮沢賢治――存在の祭りの中へ』見田 宗介

2003年2月16日、大阪・伊丹から仙台空港に飛び、陸路で岩手・釜石へ。一泊した後、2003年2月17日～22日、釜石から花巻までの90キロを一人歩いて旅しました。途中遠野で3泊、東和町に1泊。遠野物語にもふれながら、「宮沢賢治にゆっくりと近づく」ための旅です。

なぜそんな旅を思い立ったのでしょうか。本書を読み、見田宗介（真木悠介）という強靭な知性が開く、宮沢賢治の言葉の世界に魅了されていたから、としか言いようがありません。丁寧な論考を重ねることで、難解でつかみどころのないように思える詩の深みから、確かな意味の光が立ち上がってくる感動。「感性」は、書を読み、思考することを通して磨かれうるのだと感じました。賢治のまなざしをもって、賢治が見つめた東北の風景の中を歩いてみたかったのです。

ユースホステルに泊まり、温泉で疲れを癒しながら、春まだ浅い如月の賢治記念館にたどり着きました。今でも忘れがたい旅の一つです。

賢治がその生涯を閉じたとき、彼が思い描いていた社会構想も、銀河系宇宙いっぱいに広がる夢の数々も、「熱病をおして一人の農民の肥料相談に殉じる」という一点の行為のうちに込められていたと、見田宗介は書きます。自我の問題を冷徹に見つめ、その鋭敏すぎるほどの感覚のために苦悩し、救いを求めて必死で思索や創作を繰り返しながら、賢治は常に「実践すること」を忘れませんでした。賢治が37歳で亡くなったのは１９３３（昭和８）年のこと。この年、三陸を大地震と津波が襲っています。

２０１１年3月11日、東北地方で観測史上最大の大地震とそれに伴う大津波が発生。テレビ画面のテロップはめまぐるしく入れ替わっていきます。「マグニチュード９・０」「観測史上最大」「街全体が壊滅」「死者、行方不明者1万人を超す」「福島原発爆発」「半径30キロ圏内の住民に避難勧告」……

８年前のあの日、これから始まる旅に胸を高鳴らせながら後にした街・釜石も、あっという間に津波にのまれてしまいました。

テレビ越しに被災地の状況を見ながら、自分に何ができるのか考えています。

病弱な肉体という限界を抱え、それでも賢治は人々の幸福のために自分に何ができるのかを必死で考え続けました。そして、幻想の中で思索を通して得られた救いを、地上で実践しようと挑み続けたのです。賢治の時代から、人間は悲しいほど自然に対して無力な存在なのだと思います。ではその自然に対して、人間はどうあればいいというのでしょうか。その問いに対する思索の結晶が、賢治の童話なのかもしれません。

精一杯の想像力で、被災された方々の悲しみを思い、自分にできることをしていこうと思います。本書を読み、「具体的な一つ一つの行為に、思いの全てが宿っていく」と知ったからです。

*(March 2011)*

# 39『春を恨んだりはしない── 震災をめぐって考えたこと』

池澤 夏樹／鷲尾 和彦（写真）

２０１１年3月24日に、勤務校を会場にして勉強会を企画していました。全国各地の英語科の先生方に集まっていただき、日々の授業に関する実践的な報告をし合えたらいいなと思ったのです。メーリングリストを使って呼びかけたところ、九州を中心に関西や東京からも50名を超える先生方が参加してくださることとなり、私はひそかにワクワクしていました。

勉強会当日まであと2週間を切った金曜日でした。３月11日。当時担任していた中学1年生最後のロングホームルームを終え職員室に戻った時、ただごとではない雰囲気を感じたのを覚えています。日本の東半分が大変なことになっていました。

それから3日間、刻一刻と切り替わるニュースのテロップを見つめながら、私は勉強会をどうするか考え続けました。地震、津波、そして出口の見えない泥沼にはまり込んだかのような福島第一原子力発電所の事故。同じ日本で今まさに起きている未曾有の大災害とその余波。一方の九州は、鹿児島は、震災の直接的な影響を全く受けていません。とりあえず生活は安泰です。けれども、日本がこんなにも大変なことになっている今、悠長に勉強会などしていてもいいのでしょうか。

信頼する先生に相談をし、最終的に私は勉強会の開催を決めました。開催決定を連絡するメールにはこう綴りました。

「大変な状況ではありますが、また僭越ではありますが、明日の日本が少しでも元気になってほしいという思いでいっぱいです。その気持ちを、幸いにも今こうして支障なく日常生活を送ることができる九州にて、こういう形で実現させていくこともまた意味あることかと思い、予定通り勉強会を開催したいと思います」

勉強会は成功だったと思います。キャンセルはほとんどありませんでした。東京からも、大変な状況の中2名の先生が鹿児島まで駆けつけてくださったのです。

あの頃のことを思い出してみますと、九州に暮らしている私にとって、被災地が「遠かった」のは事実です。毎晩テレビのニュースに関心を寄せながらも、では具体的に何ができるのかと問われれば、答えに詰まったでしょう。ボランティアとして東北の地に出向くことは、私にはできませんでした。同じ日本に暮らす者として、私にできることは何なのか。そんな問いを抱え、悶々としていた頃に、この本を読みました。

池澤夏樹さんは、こんなふうに書いておられます。本書執筆中、池澤さんはイギリスを訪れたそうです。そこで「倫理とは想像力だ」という言葉を聞いた時、自分が何を探しているかわかった気がした、と。私は、その言葉を共有することで、少し納得できた気がしました（もちろん一件落着とはいきませんが）。

想像力。愛する人のみならず生活のほぼ全てを春まだ浅い冷たい海にのまれながら、それでも、海を恨まず、天を恨まず、春を恨まずに前を向こうとするこの国の人たちの胸の内を、九州で暮らしながらどれだけ我がこととして想像することができるでしょうか。福島第一原子力発電所の事故により、幼い頃から慣れ親しんだ故郷を失おうとしている人たちの痛みを、はたしてどれだけ感じ取ることができるのでしょうか。

今回はたまたま被災しなかった私たちにとって、被災した人たちの痛みを「想像しよう」「感じ取ろう」とすることこそが、決定的に重要なのだと理解しました。そしてこれから私たちが歩んでいく未来について思いをめぐらせる時、私たちは被災された方々への想像力を決して忘れてはならないのだと思います。

池澤さんはこんなふうに綴ります。「ぼくは大量生産・大量消費・大量廃棄の今のような資本主義とその根底にある成長神話が変わることを期待している。集中と高密度と効率追求ばかりを求めない分散型の文明への一つの促しとなることを期待している」と。そして、我々が歩いていかなければならないその先に、「希望はある」と。

この国の歩むべき方向を考えるヒントが、この本の明晰な言葉の中にたくさん散りばめられているように感じながら、本を閉じました。

（*November 2011*）

## 40『壬生義士伝』 浅田 次郎

岩手県宮古市と田野畑村。東日本大震災で津波に洗われた場所を翌年の夏に訪ねました。そして、実際に家を流されてしまった方に会い、被災直後の写真と今の風景とを見比べながら話を伺うことができました（事前にお願いしておくと、語り部の方から話を聞くことができるのです）。海が盛り上がったと思ったらあっという間に押し寄せた津波に、その方の家は土台も含め跡形もなく流されてしまったそうです。不自由な避難所生活の中で、やがて生死にかかわるような病気を患い、「さすがに気持ちが否定的になった」とおっしゃいます。しかし幸いにも、かつて両親が建てた家がまだ残っていたため、そちらに居を移し、今は少しずつ生活を立て直しつつあるとのことでした。

「今夜は震災以降初めて、田野畑の港に花火が上がる。今からその準備なんです。なぁに、一生懸命働いて、もう一軒家を建ててやりますよ。見ていてください」

そんな言葉が、印象に残っています。

翌日は沿岸部から内陸に向かいました。岩手県の最高峰であり、宮沢賢治の詩のタイトルにもなっている岩手山に登りたかったのです。麓はいい天気でしたが、山頂は冗談かと思うような強風が吹き荒れていました。旅先で山に登ると、それまでよりずっとその土地が身近に感じられてくるように思います。おせっかいかもしれませんが、中高生の皆さんがこれから旅に出るとき、どこかに1日でいいから「身体を使って旅する」日を作ることをお勧めしたいです。そして、誰かと出会ってほしい。そのことで、旅の思い出はずっと深まります。

山を下りて訪ねた小岩井農場で、中学校の元教頭先生だった方とお話をすることができました。宮沢賢治の詩にも描かれた農場内の森林を案内していただいたのです。先生の最後の勤務地は、大槌町だったとおっしゃいます。大槌町とはあの震災のとき、町長を含む多くの方が津波で流され亡くなってしまった町です。いったいどれだけの知人を亡くされたのか。なかなか言葉を出せずにいた別れ際、先生はおっしゃいました。

「わざわざ鹿児島から、私たちのことを気にかけ訪ねてきてくださって本当にありがとうございました。今確かに岩手県は少し元気をなくしています。でも、20年後、30年後を見ていてください。きっと立派に立ち直っていると思います」

「気にかけてもらい、訪ねてきてもらえて嬉しい」という言葉が、本当に嬉しかったです。被災地に対して何もできないことがどうしても気になっていました。その地を訪ね、話を聞き、見たことや聞いたことを生徒たちに伝える。それだけでも何か意味はあるのならば、私はせめてそれをしたいと思えたのです。岩手県を旅してよかったと思いました。

鹿児島に戻り、旅の余韻の中で『壬生義士伝』を読めたことは、夏休みならではのぜいたくな読書体験だったといえるでしょう。『壬生義士伝』は新撰組を扱った小説ながら、小説の骨格を決める風景は、主人公・吉村貫一郎の故郷、南部盛岡藩（現在の岩手県）です。

（南部盛岡は日本一の美しい国でござんす。西に岩手山がそびえ、東には早池峰《はやちね》。北には姫神山。城下を流れる中津川は北上川に合わさって豊かな流れになり申す。春には花が咲き乱れ、夏は緑、秋には紅葉《もみじ》。冬ともなりゃあ、真綿のごとき雪こに、すっぽりとくるまれるのでござんす）

吉村貫一郎の語りの向こうに、旅で見た風景がよみがえります。

時系列的に出来事が展開していく小説ではありません。冒頭の12ページ（既に吉村貫一郎は半死半生である）以外は、徹底して「語り」で構成されています。生前の吉村貫一郎をよく知る者や、あるいはかかわりの深い者たちが、それぞれの抱く吉村貫一郎への思いを滔々と語ります。ある者は心から慕い、ある者はひどく反発し憎みながらも、誰もが吉村の人格に強烈に惹かれていました。それぞれの関係性に応じて語られる「吉村貫一郎」の中に、一貫して流れているもの。誰がどんな角度からどんな言葉で語ろうと、結局はその資質をもって吉村貫一郎を表現せざるを得ないような何か。それが「義」であると、私には感じられました。若い皆さんにも、ぜひ本書を読んでその「何か」を感じてほしいと思います。そして機会があれば、この小説を片手に盛岡を、そして岩手県を訪ねてみてください。

必死で家族を守ろうとした吉村貫一郎と、その思いに応えた彼の家族。形は違いますが、被災地には、命を懸けてお互いのことを思いやった家族が数え切れぬほどあったと想像します。せめてその痛みを、忘れずにいたいです。

（*September 2012*）

## 41『紙つなげ！ 彼らが本の紙を造っている――再生・日本製紙石巻工場』

佐々涼子

読書をしながら、「紙」を意識したことなどありませんでした。大事なのはそこに書かれた文章であって、媒体である紙は「あって当たり前」のものだと思っていたのです。そんな私の認識は、本書によって根底から覆されました。日本の書籍を形づくっている「紙」は、技術者たちの想い、そして努力と工夫の結晶です。製造にかかわる人たちが、力を合わせ、心を込めてつくり上げた作品なのだと知りました。「紙をつなぐ」人たちが紙づくりに注ぐ情熱と愛情は、「震災からのスピード復興」という困難な目標に向け団結する姿を通してより鮮明な輪郭を与えられ、佐々涼子さんという優れた書き手を得て素晴らしいノンフィクションへと昇華されています。

日本製紙石巻工場（宮城県石巻市）は、東日本大震災の地震と津波で大打撃を受けました。工場全域が、塩水と瓦礫、そして車で埋まったといいます。工場の1階部分は全て泥水で埋まり、積もった瓦礫の高さは2メートルに達したそうです。電気も止まったままです。電気系統や機械のモーターは塩水でやられてしまいました。この状況に、おおかたの人は工場閉鎖を覚悟し、そうではない人も復興には数年はかかると感じたとのこと。しかし、工場は町のシンボルです。日本製紙は石巻を見捨てませんでした。倉田工場長はさまざまな思惑を込めてこう宣言します。

「まず、復興の期限を切ることが重要だと思う。全部のマシンを立ち上げる必要はない。まず一台を動かす。そうすれば内外に復興を宣言でき、従業員たちも弾みがつくだろう」
「そこで期限を切る。半年。期限は半年だ」

その言葉を聞いた誰もが、内心「絶対無理」と思ったといいます。一方で、リーダーが熟慮の末にぶち上げた「半年復興」という目標は、絶望に覆われた被災地で、そこに暮らす人々に差し込んだ唯一の具体的な希望でもありました。その日から、復興にかかわる人たちの、まさに「泥をひしゃくで掻き出すような」努力が始まります。製紙工場で働く人たちには、「自分たちこそが日本の出版文化を支えてきたのだ」という強い自負があります。無謀とも思える期限を設定しての、復興に向けた不眠不休の歩みは、気の遠くなるような地道な作業の積み重ねでした。

日本製紙石巻工場の従業員たちは、どんな困難に対しても愚痴を言わずに向かい合い、その日の歩みを進めていきます。その結果「震災の壊滅的被害から半年で立ち直る」という無謀とも思えた目標は、「絶対無理」という大方の見方に反して見事に達成されたのです。彼らの行く手を阻んだ「絶望的な状況」は枚挙にいとまがありませんが、各班の従業員たちは、どんな時も決して状況のせいにしてあきらめることをしませんでした。互いに励まし合い、愚痴も悪口も口にしないよう努めたといいます。

ある場面での倉田工場長の言葉が心に残りました。ガチッと固まってしまった蒸解釜（化学パルプを作る釜）の中身を効率的に撤去するため、部下は「釜の中に人を入れさせてください」と願い出ました。倉田はグラフをつけさせ、こう諭します。

「焦るな。見てみろ。少しずつでも、こうやって減っているだろう？　蒸解釜を立ち上げるのはまだ先だ。きっと間に合う。根気強くやっていこうじゃないか」

本書の内容は、日本製紙石巻工場の人たちがいかに工場復興に向けて力を尽くしたかの記録であると同時に、工場で働く人たちの被災の記録でもあります。メディアが伝える美談の裏で、人間の汚さを目の当たりにしたり、たくさんの死に向き合ったりという悲しい出来事を、工場の方々も数えきれないほど経験なさっています。そういった悲しみを経て、石巻の人たちが震災について語る言葉に、せめてきちんと耳を傾けていたいと強く思います。

「震災」そして「紙」という二つのユニークな視点から、普段当たり前に手にしている「本」について、たくさんの視座を得ることのできる大変おもしろい本でした。本書を読めば、さらに本を読みたくなることでしょう。

（*January 2015*）

## 日本自転車紀行・三陸海岸旅日記

ここまで記してきたような想いをもって、、岩手県大船渡市から北海道函館市までを自転車で旅したのは2016年の夏でした。

その時の日記を、岩手県内の分のみですが載せます。読書案内の小休止も兼ねて、お楽しみいただけたら幸いです。

【2016年7月31日】

午前10時30分、バックパックを背負って家を出た。空港行きのバスが出るバス停まで妻に送ってもらう。

まずは鹿児島空港から羽田へ飛んだ。

東京から新幹線で一ノ関へ。一ノ関からJR大船渡線に乗り気仙沼へ。

気仙沼から先は現在鉄道が不通になっており、バスに乗り換える。JR大船渡駅に降り立ったらちょうど夜の10時30分だった。12時間かけて、ようやくたどり着いた。

新築のにおいがする駅前のホテルにチェックインしてひと息つく。暗くて周囲の様子はよくわからない。暗く沈んだ一区画の向こうを走っている幹線道路に、ローソンの看板だけが明るく灯る。反対を見ると、どうやら海が近いようだ。明日よく見てみる。

問題が一つ。それは、あまりにも移動時間が長くて、旅のお供に持参した文庫本4冊のうち3冊を読み終えてしまったこと。2冊は『村上海賊の娘』第3巻、4巻。圧巻だった。

明日、ここで自転車を受け取る予定。


【2016年8月1日】

三陸は海と山が近い。が、大船渡駅周辺を歩きながら、海が近くて遠いように感じた。このあたりからは、そこにあるはずの海が見えない。人々の生活の場は、海際のわずかな平地より、斜面にあるようだ。国道を横切り先の坂道を登っていくと、家々の間の公園に遊ぶ子どもたちの姿があり、ようやく海が見えた。


14時頃、自転車が届いた。

日が傾くのを待って、碁石海岸まで足を延ばす。遊歩道を歩き、その先の風景に息をのんだ。岩にぶち当たり砕ける波の音が響く。力強い海だった。

【2016年8月2日　大船渡〜釜石　約41キロ】
午前9時、自転車で走り始めた。

今回の旅は、八戸まではおおよそ国道45号を走る予定でいる。この道路は仙台から太平洋岸沿いを経て青森までを結ぶ一般国道で、総延長は実に500キロを超える。この道を、大船渡からひたすら北へ漕いでいくつもり。

事前に2点ほど覚悟していたことがある。

①アップダウンが激しいだろう。②大型車が多いだろう。

①については、リアス式海岸として名高い三陸海岸沿いの道路なのだから、当然といえば当然だ。山の尾根がそのまま海まで延びているわけで、道路は「尾根に取り付き、乗り越し、谷へと下る」を延々と繰り返す。尾根といっても一つひとつが大きく、峠というべきかもしれない。

各峠の頂上直下には、トンネルがある。トンネルが見えてくると、「ああ、この延々続いた上り坂もようやく終わりか」と希望が持てる。トンネルの中は平らなので、空気の悪さを我慢すればまああありがたい。

トンネルを抜け、ため込んだ位置エネルギーに身を任せて下り坂を下ったかと思えば、すぐにまた次の登りが待っている。まっすぐ伸びる平らな道などない。これだけアップダウンが激しいと、平らな道よりはるかに時間と体力を使う。日頃は「1日80キロまでなら余裕をもって漕げるかな」という感覚でいるのだけれど、この道に関しては1日50キロくらいで考えておいたほうがよいような気がした。

②に関しては、震災で大きな被害を受けた街同士をつないでいる道路だから、やはり復興工事関係のトラックの往来は多い。しかし、それも場所による。

もう一つの国道45号線として、「三陸沿岸道路」が無料の自動車専用道路として整備されてきているため、明らかに走りやすいそちらの道路に多くの車が流れているようだ。大型車が少ないとはいわないが、思ったほどではなかった。そして、道路から見える景色のいたるところで、大きな工事がなされている。山を治め、海を隔てる工事だ。随所に「津波到達地点」を示す看板が設置されていた。

今日は岩手県も内陸部では豪雨があったようだが、沿岸部に雨は降らなかった。が、山中に霧が立ち込め、気温は低かったと思う。時に汗が冷えて「寒い」と感じるほどだった。設置されている温度計が22度となっていた場所もある。

道中、3人のサイクリストとすれ違った。みな自転車の左右に鞄をぶら下げている。どこからどこまで行くのだろう。自分がこれから行く道を同じように旅してきた人がいるというのは心強い。すれ違う時は誰もみな笑顔で手を振り合う。何か通じ合うものがある。

ホテルの大浴場でゆっくり温まりつつ、洗濯も済ませた。明日に備えよう。

【2016年8月3日　釜石〜宮古　約53キロ】

夕食は、宮古駅近くの居酒屋兼和食処のようなお店に入った。一人旅の時はカウンターに座ることが多い。白の調理服に身を包んだ人の好さそうなご主人と、息子さんだろうか、40代くらいの男性が「いらっしゃい」と迎えてくれた。


「え、大船渡から自転車で来たの？　自転車ってあなた大変でしょう、大船渡から釜石なんて上がって下がってがすごいですよ」

「そうなんです。予想以上のアップダウンでした」

「かー、それはまた。それで、明日はどうするの？」

「明日は田野畑まで行くつもりです」

「田野畑……田野畑までも坂すごいですよぉ……」

そんな会話をしながら右の壁を見ると、「2011年3月11日　津波の水位ここまで」と書かれた紙が貼ってある。この辺りは大人の肩くらいまで水が来たようだ。

「ここまで水が来たんですか。建物は大丈夫でしたか」

「うーん、やっぱり大変でした。店を再開するための掃除だけで3か月かかりましたから」

「3か月！」

「はい、床にね、これくらいヘドロが積もるわけです。それを流したり、それから壁の隙間という隙間にヘドロが入り込んで、水をかければ際限なく出てきましたからね。これ全部はがして、3か月かかりました。瀬戸物も、洗えば使えるわけですから、捨ててしまうわけにいかないですからね」

「大変でしたね……」

「冷蔵庫が全部やられちゃってねぇ。まあ、1回津波がやってきて、1000万円の損害でした」

「大変な被害だったんですね。震災後、宮古から出て行かれた方も多いのですか?」

「やっぱりそれなりにいらっしゃいますね。行き先は岩手県内がほとんどでしょうね。出ていったら出ていったで大変なんです。家借りるのにお金かかりますでしょう。イメージとしては、復興がなっても、このあたりの商店の数は半分くらいになっちゃうんじゃないかなぁという感じでしょうか。

でも、大槌町とかね、被害がひどかったところは4割ほどの人が出て行ってしまうだろうということです。4割といえば……半分ですよ」

今日走り抜けてきた、大槌町吉里吉里地区や山田町のことを思った。かつてそれぞれの街の中心部だった場所は、津波で壊滅的な損害を被ったという。

現在、平地には盛り土がされ、土地づくりが着々と進められているものの、この土地にかつてのように人々が暮らす日はまだまだ遠いように感じられた。

ご主人は今年78歳だそうだ。見た目はかくしゃくとして若い。優しい、飄々とした雰囲気が印象的だった。

「私もあと10歳若ければねぇ。一度下北半島を一周してみたかったんですよ。もちろん車でですよ。でももう無理です。車でも疲れちゃう。あなたはここまで来たら、どんなに坂があろうががんばるしかないですね。くれぐれも気を付けて、いい旅をしてください」

そして「ゆっくり食べて」と、頼んでいない野菜のてんぷらをふるまってくださった。熱々だ。

「揚げたてでおいしいです！」というと、「そう、野菜でもね、揚げたてはうまいんです」

そう言って笑った。


まだまだ復興は道半ばかもしれないが、例えば吉里吉里の砂浜に海水浴をする人たちがいて、山田湾にはカキ養殖の設備が広がる。そして一部とはいえ、浄土ヶ浜のようにほぼ元通りになった観光名所もある。

釜石から大槌町、山田町を経て宮古まで走り、「ああ、今このあたりにはこういう光景が広がっているんだな」ということが、漠然とでも感じられた気がする。

**【2016年8月4日　宮古〜田野畑　約53キロ】**
ウィキペディアで「国道45号」と検索すると、「概要」の一番最初に書いてあるのは「中野坂」のことだ。

「最大10%という急勾配と急カーブが2キロにわたって続く最大の難所」と説明されている。今日は確実にこの坂を越えることになる。覚悟して、午前8時に宮古を出発した。

走り終えて振り返るに、中野坂は確かにしんどかったけれど、予想していたほどではなかった。自転車の旅人からすると、この坂が国道45号における最大の難所とは思えない。

もっと大変な上り坂はいくらもあった。大船渡・釜石間にある三陸峠の上り坂。山田・豊間根間の窓坂。今日も、宮古を出てからの5キロはずっと上りだった。下って田老地区に少し平地があったが、その先はつかの峠を越えてさらに上り坂が続いた。

これらの長さを思えば、中野坂の2キロはむしろ短かったように感じる。ここまで、いくつもの坂をよく上ったと思う。

それよりも、中野坂から先、大型車の往来がなくなったことが本当にありがたかった。三陸北縦貫道路が整備され無料で通れるおかげで、国道45号を田野畑に抜ける車は9割以上が中野坂の手前で左折していく。自転車は峠を越すしかないのだが、それまで轟音をあげてひっきりなしに大型車が行き交っていたのが嘘のように、中野坂は静寂に包まれていた。タイヤが路面をつかんで自転車を前に進めていく音が耳に心地よく響く。

道中、行き交う人とのちょっとした会話が楽しかった。

中野坂の上で、向こうから来る軽自動車のおじさんが車をとめて声をかけてくださった。

「どこまで行かれるんですか?」

「今日は田野畑までです」

「この先もうちょっと上りますけど……頑張ってください!」

「ありがとうございます!」


田野畑の食堂で昼食をいただき、出発しようとすると、今度はお店の方が声をかけてくださる。

「あら自転車で。まあ暑いのにお疲れ様です。今日はどちらから?」

「宮古です。あ、出発は大船渡でした」

「そうですか、暑いし大変でしょう。でも、きつくてもね、あとで振り返るといい思い出ですよ。学生さん?」

「……いえ、違います」


高台を走っていた国道45号を右に折れ、海岸へと一気に下りていく道。工事中で未舗装の箇所があり、パンクが怖いので自転車を降りて押して歩いていると、後ろから来た自転車のおじさんに声をかけられた。年の頃60代前半くらいだろうか。車輪の左右にバッグを下げていらっしゃる。1日に仙台を出発してここまで漕いでこられたらしい。明日は八戸まで行きますとのこと。

あのまま国道45号をまっすぐ行ったほうが楽だったのかもしれない。が、名高い北山崎の海岸を見ておきたくて、海岸沿いの県道44号に迂回した。その分アップダウンが多くなるのは覚悟の上だが、同じことを考えた人がいるとわかって心強い。

田野畑村は、作家・吉村昭、津村節子と縁の深い村である。

【2016年8月5日　田野畑〜久慈〜洋野町種市　約80キロ】

今日は本当に暑かった。

出発は田野畑村の羅賀地区。海岸沿いの地区だ。羅賀から展望台まで、北山崎の急坂をひたすら上った。熱中症が怖かった。北山崎の海岸は美しい。遊歩道を歩き、海岸まで下りて楽しんだ。最後にビジターセンターで食べた田野畑村のアイスがまことにおいしかった。

北山崎を出てからは、「おお!」と思う風景で立ち止まっては写真を撮りつつ、とにかく自転車を漕いだ。田野畑村、普代村、野田村を経て久慈市に着いた時には、久慈は本当に都会だと感じた。大船渡から久慈まで、陸中海岸沿いの街は入っていくにも出ていくにも峠を越えねばならない。

自転車で旅をすると、ある場所から別の場所へと移動していく過程そのものが思い出になって、街の名前や風景が記憶に深く残っていくように思う。

目的地までたどり着いて、ザックを下ろす時の達成感は何物にも代えがたい。

Working

# 働く

Occupation × Society

仕事×社会

一般的に私たちは、働くことを通して得られる報酬を糧に生活します。お金について正しく知ることはとても大切なことです。一方でお金が価値の全てではないはずです。稼ぐ人が「勝ち組」。そんな価値観が蔓延する社会は、息苦しく生きにくいですね。

私たちの社会はどこかバランスを崩しつつあるのでしょうか。困窮している人に「負けたのは自己責任」という言葉をぶつけるとき、私たちは、自分自身もまた追い詰められていることに気付けないと思います。

# 42『この世でいちばん大事な「カネ」の話』西原 理恵子

教育の目的というのはいろいろあるでしょう。その中で、教育を通して「〝自分でメシを食える力〟＝〝自分でカネを稼げる力〟を養う」ということは、とても大切なことだと思います。学生でいる間に、自分できちんとお金を稼ぐことのできる力を身につけてほしい。率直な願いです。もちろん知識上・技術上のことばかりではありません。時間を守ることができる、きちんと挨拶ができる、失敗したら素直に謝る。そういうあらゆることが、「自分でカネを稼げる力」になっていくのだと思います。

日本にはどうしても、お金の話をタブー視する傾向があるようです。だからでしょうか、将来を考えたり教育について語ったりする時、「生きる力」という抽象的な言葉がさも重要そうなキーワードになったりもします。しかし、「生きる力」と教育の場面でいわれても、何のことやらどうもよくわからないというのが正直なところ。この本を読み、私は「生きる力」とはつまり「稼ぐ力」と考えていいのかもしれないとさえ思いました。お金を稼ぐというのは、本質的でとても大切なことなのです。

著者の西原理恵子さんは、タイトルにおいて、「カネ」を「この世でいちばん大事」と宣言しています。「お金以上に大切なものがあるはずだ！」とか、「お金じゃ買えない価値がある。プライスレス」とつぶやきたい人もいるかもしれません。でもちょっと我慢して、西原理恵子さんの語りにじっくり耳を傾けてほしいのです。自身の体験を赤裸々に語る口調に、引き込まれると思います。そして、「どんなに辛いときでも、働き続けおカネを稼ぐことが希望になるのだ」という祈りのようなメッセージが、読者の胸にきっと届いてくるでしょう。

そう、多くの人は、何らかの具体的な職業に就き、働くことを通して具体的な「誰か」の役に立って、そうしてお金という具体的な報酬を得て生きていきます。働くこと。働き続けること。その選択肢を広げるためにも、お金という観点から目をそらしてはいけません。

そして皆さんには、「日々の生活を通して、今のうちから正しい金銭感覚を身につけていくといいよ」と伝えたいと思います。

働いていてよかった。自分の仕事があってよかった。そのおかげで、病気だった彼をちゃんと看取ることができた。子どもたちにも、お父さんのいい記憶だけが残った。
お金には、そうやって家族を、嵐から守ってあげる力もあるんだよ。
いざというとき、大切な誰かを安心な場所にいさせてあげたい。
そう思うなら、働きなさい。働いて、お金を稼ぎなさい。そうして強くなりなさい。
それが、大人になるってことなんだと思う。

西原理恵子さんの前向きな考え方に触れて、たくさんの元気ももらえる一冊です。

（*May 2010*）

# 43『仕事道楽　新版――スタジオジブリの現場』鈴木 敏夫

著者の鈴木敏夫さんは、スタジオジブリのプロデューサーとして、宮崎駿・高畑勲という両巨匠とともに映画を作り続けてきました。日本どころか世界中の人々を魅了してやまないアニメ映画を生み出し続ける「スタジオジブリ」。そこはいかなる場所で、どんな人たちが引っ張っているのでしょう。著者が大いに語ってくれます。

本書には、著者に大きな影響を与えた4人の男たちが登場します。宮崎駿、高畑勲両氏に加えて、『アニメージュ』初代編集長・尾形英夫氏と徳間書店の初代社長・徳間康快氏。計り知れないほどスケールの大きな人たちとともに働くことを通して、著者自身の幅も広がっていったことがよくわかります。魅力あふれる人たちと真剣に仕事をすれば、そこには必ず学びがあり、成長があるのですね。

たとえば、高畑・宮崎両氏と出会ったばかりの頃、二人ともっとつきあいたかった著者は、話をするためになんとしても教養を共有したいと思ったそうです。二人が言ったことは全部「取材ノート」に書き、まとめる。二人が読んだ本は自分も読む。そうして必死で二人についていった経験から、著者は気づきます。「教養の共有の程度は相槌の打ち方にあらわれ」るということに。相槌の打ち方の大切さを知った著者は、後年、東京大学大学院情報学環で特任教授になった際、講義テーマを「相槌の打ち方」にしたそうです。

スタジオジブリでは、そこに集う人たちの強烈な個性がぶつかり合ったり、融合したりして、日々新たな価値が生み出されています。その原点は「挑戦」。「安心できるものをひたすら作っていくというのではつまらない、これまでとは全然違うものを作りたい」という気概が、ジブリで働く人たちの根底にあると、著者は書きます。読みながら私は、授業についてもその気概を忘れずにいたいと思いました。参加者の多様な個性がぶつかり合い融合して、新たな価値を生む授業を作り出す。絶対楽しいですよね。とはいえ授業においては、毎日のことゆえ安定感や安心感といった要素も欠かせません。バランスが大切です。

バランスといえば、本書にはこんなことも書いてありました。著者によれば、才能と誠実さのバランスは難しいですが、それぞれの特性を持つ人が組織には絶対に必要だそうです。クラスに置き換えれば、天才肌も努力型も、どちらもいるからおもしろい。その化学変化の中で、教室全体が学びの場として起動していくのでしょう。さらにいうと、周りをホッとさせる人も絶対に必要とのこと（ジブリ関係でいうと、ポーニョポーニョポニョ♪と歌っていた藤岡藤巻の藤巻さんがこのキャラクターらしい）。よくわかります。

本書に出てくる人たちは、スタジオジブリという現場で、日々もだえながら楽しんでいます。皆さんも、いろいろ悩みながらも精一杯、創意工夫し楽しんで毎日を送ってほしい。そのための元気をくれる、個性あふれる巨匠たちの魅力的なエピソードが満載です。

（April 2010）

## 44『財政から読みとく日本社会——君たちの未来のために』井手英策

この本の中には、時折、国際調査のデータが引用されています。たとえば日本についての次のようなデータに、皆さんはどのような感想を持ちますか。

- 「他者や政府を信頼できる気持ちがどれくらいあるか」について、「つねに信頼できる」「ふつうは信頼できる」と回答した人の割合は、「国際社会調査プログラム」の最新データによると38対象国・地域中23位。
- 「政府の内部にいる人々を信頼できるか」という問いに対し、「強く賛成」「賛成」と答えた人の割合は、同プログラムで38対象国・地域中36位。

対象国・地域の詳細や具体的な割合は割愛しますが、このような統計から見えてくるのは、相対的に、周囲にいる人たちや政府を信頼できない社会に私たちは暮らしている可能性があるということです。政府や他者を信頼しきれないまま、一緒に暮らすというのはしんどいものですよね。

統計的にみると、人間を信じることのできない社会では所得の格差が大きくなるそうです。それはそうでしょう。「税金を納めたところで、どうせ政治家とそのお友だちの私腹を肥やすために使われるんだろう」。そんな不信感が渦巻く中で、気持ちよく税金を払おうとは思えません。同様に、他者を信頼することができなければ、その人たちのためにお金を払おうとも思えません。かくして、それぞれが自分の身を守るために、自分のお金は自分のために取っておくようになります。税金を支払うことに憤りすら感じるかもしれません。お金を持っている人が、持たざる人のためにお金を払おうとせず、ため込むようになれば、当然格差は広がります。

このような不信・不安の心理と、昨今の「弱い者いじめ」とは表裏一体なのでしょう。私たちは、「自分は痛みを背負っているのに、自分以外の誰かはいい思いをしている」という状況が許せないのです。多くの人々が、「ズルしているのではないか」というどこか疑いの気持ちで生活保護の受給者を見てしまうことなどはその典型かもしれません。実際には、生活保護の不正受給は全体の0・4％ほどで、ということは99・6％は、本当にそれを必要としている人たちに給付されているにもかかわらず、です。

本当は自分たちだって、もう自助努力だけではどうしようもないところまで追いつめられて、しんどさを抱えているのかもしれません。それなのに、「自己責任だ」のひと言で現状に納得することを強いられた多くの人たちが、その反動として、社会的に弱い立場に追い込まれた人を叩く。そんな、不信と不安が蔓延する社会が、日本の姿なのだとしたら……

「そうか、私は日本という、国際的に比較しても他者や政府を信頼する人の少ない社会に暮らしているのかもしれないな」という気づきを得られたことは収穫でした。自分が暮らしている社会で共有されている価値観に、人はいつしか染まってしまいます。その価値観を客観的に意識することは、なかなか難しいのです。

本書において、著者は、日本における社会システムの変遷を、「財政」をキーワードにたどります。その結果、どのようにして今あるような日本社会が形成されてきたのかが大変わかりやすく明らかにされていきます。カギになる概念は、「勤労国家」と「自己責任の財政」、および「総額に気をつかう財政」と「シーリング予算」。これらが私たちの社会を形作っていくうえでどのように機能してきたのかはぜひ本書を読んでほしいところです。

分析を終えて、著者は訴えます。「日本社会は、貧しい人たちや困難を抱えた人たちと価値を分かち合えず、仲間という意識を持てない冷たく分断された社会になりかけている」と。

その上で、著者の素晴らしいところは、「ではどうすればいいのか」という具体的な案を明確に示しているところにあるといえるでしょう。日本における社会の分断は、道徳の問題ではありません。

社会制度（システム）の問題です。著者によると、社会に分断線を引き、特定の人たちだけを受益者にしてしまうような制度設計には大いに問題があります。税を払うだけで自らは受益者になれない多数の人たちが、疑心暗鬼になり、「相互監視」のような息苦しい社会を生み出してしまうからです。

では、どんな社会制度を設計すればいいのでしょう。それもまた、ぜひ本書を開いて著者の考えに触れてみてください。著者が最近あちこちで使っておられる「頼りあえる社会」のイメージに、私は心を動かされました。それは、人々のつながりが実感でき、相互の信頼を基盤として暮らせるという安心感を持てる社会です。そういう社会であれば、必要な税金を払うことに対する意識も、より肯定的なものになっていくでしょう。安心して人に頼ることができ、また気持ちよく頼られて暮らしていける社会で、生活していきたいと願います。

「財政」から日本社会の特徴を分析し、具体的な処方箋を示す。著者の本気の想いに満ちたこの本を、これからの社会を築いていく皆さんにぜひ読んでほしいです。

そして多様な視点に触れるためにも、「難しそう」と敬遠せずに、政治や経済を扱った本を手にとってほしいと思います。

（*September 2017*）

## 45『助けてと言えない――孤立する三十代』NHKクローズアップ現代取材班（編著）

「タナベシ」は私の大学時代の親友です。

2004年3月。私は大学院を休学し、「日本百名山自転車紀行」と名づけた旅に出ました。いよいよ京都を発つその時、たくさんの荷物を自転車にくくりつけて去りゆく私を、百万遍の交差点で見送ってくれたのもタナベシです。お互い24歳でした。

1年計画だった私の旅は、出発後わずか3週間で終わりました。予定通り東海道を自転車で東進し、丹沢や雲取山に登りつつ、当時市川市にあった実家までたどり着いた日の夜。母校から電話がかかってきたのです。「こちらへ来て、教壇に立たないか」というお誘いの電話でした。

な、なんと……。ひと晩考え、私は母校の教壇に立ってみることにしました。それ以来、ずっと鹿児島で暮らしています。

私が旅先から鹿児島へと舞い戻ったのと時を同じくして、タナベシは理学研究科の博士課程に進学。3年後に博士号を取得し、NHKの記者となります。初任地が小倉だったおかげで、かつての学友同士は再び九州で飲むことができるようになりました。

時は流れ、それぞれに苦労もしながら仕事にも慣れていき、いつしか二人は「30代」。少しずつではありますが、生活や仕事を楽しむ余裕もできてきたように思います。

さて、NHKの番組を書籍化した本書によると、取材の背景にあったのは30代のホームレスが急増している現実でした。彼らの多くが、本当に生活が困窮しているにもかかわらず、誰にも「助けて」と訴えることができずにいます。その原因の一つが、日本社会を蝕む「自己責任論」。つまり、「努力していい暮らしを手に入れたのはそいつががんばったから。反対に困窮するのも本人のせい。社会は悪くない」という考え方です。けれども、本当に、「自己責任」が全てなのでしょうか。もはや自分ではどうすることもできないところまで追いつめられた人たちを、「自己責任」で切って捨てていく社会ははたして健全といえるのでしょうか。

NPO法人「北九州ホームレス支援機構」（取材当時）の代表を務める奥田知志さんは、ホームレスの社会復帰に献身的にかかわってこられました。若くしてホームレスとなってしまった人たちにも人生を懸けて寄り添う奥田さんの言葉を要約すれば、以下のようになるでしょう。

「職を失い、もはや自分の力ではどうすることもできない人たちに対しては、復帰するための支援の手を差し伸べるのがあるべき社会の姿だ。社会の支援により、当人が自分でがんばってどうにかできる状態にまで回復した時、初めてその先に自己責任が問われうる」

深く共感するものです。

本書は、困窮しながらも他者に助けを求めることができない30代の人々をテーマにしています。一方で、現場でこの問題に関する取材に当たり、30代ホームレスのリアルな姿やそれを支えようと必死に頑張る人たちの思いを伝えたＮＨＫのスタッフも、みな20代後半から30代の若手でした。その番組スタッフの真摯な姿勢があったからこそ、先に紹介した奥田さんも、自分自身の体験まで含めて魂を込めて語ってくださったのだと思います。日本の社会を少しでも良い方向へ持っていくために、まずは私たちが「知らなければいけない」ことがあるのでしょう。取材、番組制作、本書執筆へといたる番組スタッフの一連の仕事は、素晴らしいものだと思いました。

２０１１年1月。自宅に届けられたこの本の執筆者の中に、親友「タナベシ」こと「田辺幹夫」の名前があるのを見て、なんだか誇らしかったです。幸運にも働く場を与えられた30代の人間として、この社会になにがしかの貢献ができるよう、それぞれの場所でお互いにがんばろう。そう改めて思いました。

*(January 2011)*

## 46『僕はミドリムシで世界を救うことに決めた。』出雲 充

「ミドリムシで世界を救おう」と決意した著者によるこの本は、皆さんがこれから先の生き方を考

えていく上でなんらかの参考になるに違いないと思います。

著者の出雲充さんは「株式会社ユーグレナ」というベンチャー企業の代表取締役社長。同社を一から築いてきた人物です。「ユーグレナ」とは「ミドリムシ」の学術名で、株式会社ユーグレナは、世界で初めて「ミドリムシの屋外大量培養」に成功しました。そしてミドリムシを食品や化粧品として事業化する道を切り開いてきたのみならず、いずれはミドリムシから航空燃料を作り出すところまで視野に入れて事業展開しているとのこと。


本書を読むと、著者がどうしてミドリムシに惹かれ、その事業化を志したのかに始まり、どのような軌跡を経て独自のテクノロジーを有する可能性に満ちた企業を作り上げてきたのかがよくわかります。

初めてミドリムシの大量培養に成功した知らせを受け取った時の喜び（技術を可能にした発想の転換もぞくぞくするほどおもしろい）。ライブドアの関連会社としてライブドア事件に巻き込まれ、誰からも相手にしてもらえなくなった時の挫折感。資金繰りに行き詰まりかけた時の葛藤。

全部率直に記されています。

なにより説得力がすごいです。私はこの本を読み、「確かに、ミドリムシには世界を救うポテンシャルがある」と思いました。これだけ愛を込めてミドリムシを語れる人がいることに感動しました。

ある対象にのめり込み、時間もエネルギーも手元にあるお金も、全てつぎ込んでその対象を事業化し、社会にその価値を認めさせていく。芯が通っていて、かっこいいことだと思います。「実際に行動すること」を通して人と出会い、人と出会うことで世界を切り開いていくエネルギーに充ちた出雲氏の生き方は本当に楽しそうです。

とはいえ、誰の人生もそうであるように、出雲氏の歩みも常に順風満帆だったわけではありません。本書前半、若き日の出雲氏が将来について悩みながら試行錯誤する場面も、将来を模索する若い人たちには大いに参考になるはずです。出雲氏は当初国連で働くことを目標としており、実際にグラミン銀行でのインターンシップも経験されています。

目標に近づくためにはとにかく動いてみることです。そしてたくさん失敗するからこそ、見えるものがあるということもよくわかりました。

(*October 2014*)

## 47『NASAより宇宙に近い町工場――僕らのロケットが飛んだ』植松 努

この本の著者・植松努さんは、北海道の赤平市にある株式会社植松電機の専務取締役という立場です。会社の主力製品は、リサイクル用のパワーショベルにつけるマグネット。この商品は相当な利益を出しているといいます。なにしろリサイクル市場において不可欠のアイテムでありながら、競合する製品がなくシェアをほぼ独占状態なのです。植松さんと会社スタッフが工夫を重ねた結果です。

しかし、植松さんたちがすごいのはここから。植松さんたちは、マグネットで稼いだお金を全てつぎ込んで、宇宙開発事業を進めておられます。ロケットを飛ばし、人工衛星を作り、世界に3か所しかない無重力実験施設も自力で作りました。しかもこれらでお金を稼ぐことは全く考えていないとのこと。あくまで宇宙開発は、植松さんたちが、「ある目的」を実現するための手段なのです。

「ある目的」とは何でしょうか。それは、「『どうせ無理』という言葉をこの世からなくすこと」。このとても素敵な目的を達成するための手段として、「北海道の町工場が手掛ける宇宙開発」があるわけです。

植松さんはこう綴ります。「一人でも多く、『ダメかもしれない』じゃなくて『できるかもしれない』と思う人を増やしたい。北海道の田舎で宇宙開発をやっているんだから、これくらいのことはできるんじゃないのと思う人が増えてくれたら、世の中が少し良くなるだろう」と。

こんな発想ができる植松さんは、いったいどんな少年時代を過ごしたのでしょうか。詳しくは本書に譲りますが、いわゆる「ふつう」という基準からは外れていたようです。植松少年は、ペーパークラフトの飛行機作りに夢中でした。そののめり込み方もすさまじいもの。やがて道を究めていく人の幼き日の姿とは、こういうものなのかもしれません。

ペーパークラフトにのめり込む植松さんを苦しめたのは、例えば中学校の先生による進路相談だったといいます。以下のように記されています。

中学校の進路相談の時間に、先生から「おまえは将来どうするんだ？」と聞かれたので、「飛行機、ロケットの仕事がしたいです」と胸を張って答えたら、「芦別に生まれた段階で無理だ」と言われてしまいました。びっくりです。

この時を振り返って植松さんは、「こんなものは進路相談ではなく憶測による進路評論だ。こんなものに負けてはならない」と記していますが、同感です。植松さんはいかにして「負けなかった」のか。植松さんの戦いの軌跡を知ることも、本書を読む楽しみの一つといえるでしょう。

さて、夢に向かって突き進む植松さんですが、決して夢だけを追っているわけではありません。「社会に貢献し、お金を稼ぐ」という、社会人としての義務は十分に果たした上で、熱い思いを追いかけているのです。

学問についていえば、植松さんは中学生の頃から、大学生が読むような教科書まで読んで、飛行機について勉強を続けてきたそうです。結果として、大学で学問に出会った時には、設計や製図、航空力学や流体力学はほとんど身についていた、と。

夢を追いかけるために、なすべき努力というのは必ずあるわけです。好きだという気持ちがあれば、その努力を楽しむことができる。

言われたことだけやって満足しているようなら、それだけの人にしかなれません。周りの言葉に流されることなく、自分の「好き」を信じて夢を追いかける楽しさ。植松さんの歩みからわき上がるメッセージをぜひ読んでみてください。

(*May 2016*)

## 48『未来の年表──人口減少日本でこれから起きること』河合 雅司

突然ですが「2018年問題」を知っていますか。これは、2018年以降「日本の18歳人口（＝その年に18歳である人の数）」が今以上に減っていくことに起因する一連の問題を指す言葉です。とりわけ18歳人口の数が経営に大きくかかわってくる大学関係者の間で使われることが多く、大学の倒産や学生獲得競争の激化が懸念されています。

しかし、人口に関連する問題はそれにとどまりません。「２０２５年問題」もあります。人口ボリュームの大きい団塊世代が75歳以上となり、社会保障給付費が膨張し、医療機関や介護施設が不足するのではないかというのがその問題の内容です。

今回紹介する本において著者が「日本最大のピンチ」とするのは、「２０４２年問題」。ひと言でいえば「高齢者の激増期」を指します。具体的にはこの年、高齢者の絶対数がピークを迎える一方で、社会の支え手である勤労世代の人口は大きく減少しています。その時私は63歳ですが、皆さんは何歳になっていますか？ 多くの人が、社会の支え手として活躍する年齢なのではないでしょうか。

このように、将来の人口やその構成は、現在のデータに基づいてある程度正確に計算可能です。将来のありようを予測できるのです。

２０１５年発表の国勢調査では、１９２０年の調査開始以来初めて日本の人口が減少に転じたことが数字で示されました。また、翌２０１６年の年間出生数は初めて１００万人を割り込み、97万６９７９人にとどまったことがわかっています。日本を大きく衰退させる可能性を持った人口減少が始まった、まさにその現場に、私たちはいるのです。

この現状を踏まえ、「日本社会は縮んでいく一方なのだから広く世界に目を向けなければダメだ。だから英語くらい話せないとお話にならない」などという言説のみを大人が子どもたちに届けるとしたら、はなはだ無責任です。英語や中国語などの外国語を操れることが、皆さんの選択肢を広げてくれることは間違いないでしょう。しかしそれ以上に大人がするべきことは、「日本社会は今後本質的に縮まざるを得ない」ということの意味を、皆さんが理解できる言葉できちんと説明することだと思います。「どのように考えてどんな手を打っていけば、少しでも前向きな展望が開けるのか」について、どこかで話し合っていくことも必要でしょう。必然的に、「移民をどう考えるか」という問題も避けては通れません。日本社会が、国民が外に出ていかなければ幸せになれない社会になってしまうことを、私は望みません。

まずは現状を共有したくて、この本を紹介することにしました。「西暦何年にどんな事態が予想されるのか」が、データに基づいてリアルに描かれています。

危機感をあおることに終始するのではなく、冷静に現実を突きつけた上で著者なりの「処方箋」が示されていることも本書の魅力の一つです。ここに記された「戦略的に縮む」という処方箋は、どの程度実現可能なのでしょうか。縮むというのは悪いことではないと知っているだけでも、ずいぶん気持ちが楽になるように思います。

いずれにせよ、まずは現状を知ることからです。ぜひ読んでほしいと思います。

（*January 2018*）

Thinking

# 考える

Conflict × Philosophy

葛藤×哲学

「正解のない問い」は時に私たちを不安にさせますが、私たちの生活が「正解のない問い」の連続である以上、それらを楽しめる心の余裕がほしいです。

必要なのは「考える技術」ではないでしょうか。正しい情報に基づいて、問いの本質を見極め、より良い解答を導き、わかりやすく他者に伝えていける力。他者の主張を適切に理解し、議論することで、両者に納得できる妥協点を見つけ出せる力。

考えることは社会に包容力をもたらします。私は考える人に憧れます。

## 49『自分の中に毒を持て――あなたは〝常識人間〟を捨てられるか』岡本 太郎

高校生の頃、「まるってほんといいやつだな」と言われると、素直に嬉しかったものです。

大学生になって、気になる女の子に「丸山君ってすごくいい人なんだけどね……」などと言われると、なんだか情けなく感じました。「けど……」って、その逆接の先にあるものは何でしょう。

詳しいシチュエーションはもう覚えていません。でも、そういうことを言われた夜だからこそ、このタイトルに魅かれたのだと思います。『自分の中に毒を持て』。ああ、そうだ、いい人なんかでいたくない。自分の中に毒がほしいさ！

その晩、一気に読んで、岡本太郎さんの強靭な哲学にしびれました。はるか昔の思い出です。

それ以来、何度となく読んできた一冊です。読むたびに、書かれている言葉が深く、あるいは、高みにあるように感じられてきます。易しい言葉で書かれていますが、書かれている内容は一読して「わかる」ものではない気がします。読み手の人生経験が深まるにつれて、この本に書かれた言葉の意味もまた深まっていくからです。時を経て読み返し、かつてはわからなかった言葉が響くようになっていることに気づく、そういう類の本だと思います。「はたして自分はこの本に書かれているような気概で生きていけているのか？」と、そこに書かれた言葉を本当に実践していくことの困難を、昔読んだとき以上に感じたりもします。

この本を、できれば中学生のうちに一度は読んでもらえたらいいなと思います。「友達に好かれようなどと思わず、友達から孤立してもいいと腹を決めて、自分を貫いていけば、ほんとうの意味でみんなに喜ばれる人間になれる」なんて、学校生活の中で悩んだとき、参考になる言葉なんじゃないでしょうか。

岡本太郎さんといえば、「芸術は爆発だ」という言葉で有名ですが、この言葉だってわかるようでわかりません。ゲイジュツがバクハツってどういうことだろう。そんな疑問を抱きながら読んでいくと、こんな言葉も出てきます。「全身全霊が宇宙に向かって無条件にパーッとひらくこと。それが『爆発』だ。人生は本来、瞬間瞬間に、無償、無目的に爆発しつづけるべきだ。いのちの本当のあり方だ」

この「爆発」を生きていくことが、いかに大変か。それでも「爆発しながら生きたい」と思わずにいられません。過ぎ去った過去を悔やまず、やがて来る明日を恐れず、今、この瞬間だけが自分の全存在であること。岡本太郎にとっては、生きることが芸術そのものだったのでしょう。著者の思想と自分自身とをぶつけながら、大人になるまで、いや大人になってからも、折に触れて読み返せるだけの深さのある本だと思います。

（*September 2010*）

## 50『迷える者の禅修行――ドイツ人住職が見た日本仏教』ネルケ 無方

なぜ私は教員をしているのでしょうか。
その問いに、明確に言葉で答えることは難しい。そもそも、答えを言葉で示すことはできない気もします。むしろ、日々のホームルームや授業の中で、「生徒たちと相対する自分自身の態度」そのものが、「なぜ私は教員をしているのか」という問いに対するそのつどの「答え」になるのではないか。この本を読んだ今、そんなふうに思うのです。

それはきっと人生も同じこと。なぜ私は生きているのか、という問いに、明確に言葉で答えることはできないのだと思います。この本の著者・ネルケ無方さんは、ドイツに生まれ、高校時代に座禅と出会い仏道を志して来日。京都の名刹や大阪城公園でのホームレス修行生活を経て、現在は曹洞宗・安泰寺の住職を務めています。その著者がこう語ります。

人生においても、坐禅においても、一体何が正解なのか、私は未だに分かりません。
しかし、「人生とは何か」「坐禅とは何か」というふうに、よそに向かって問うことだけは止めました。一瞬一瞬、この私自身の生きる態度が問われているのだ、ということに気づいたからです。

自己とは、あくまで生活の中で問い続けるものであり、答えは生き方で示すもの。ドイツに生まれ、仏教に対する葛藤を繰り返しながら日本で修行の日々を重ねてきた禅僧が、その「生活」や「生き方」を具体的に語る一冊です。興味深く読みすすめるうちに、日常が少し変わって見えてきます。

（*April 2011*）

## 51『ハーバード白熱日本史教室』北川 智子

2011年の夏、東京で行われた英語教員が対象の合宿に参加しました。講師を務めてくださった、通訳者で神田外語大学専任講師の柴原智幸先生がおっしゃった言葉を紹介します。

「大学や専門学校で教えていても、現状に満足し、そこから出ようとしない生徒が増えたと感じます。自分の半径3メートルが世界の全てになってしまっている生徒といったらいいでしょうか。自分を包む『透明なマユ』の中があまりにも居心地が良いため、その『透明なマユ』を破ろうとしないのですね。外への興味がなく、英語で情報を入れようという気持ちがないように見えます。確かに、日本で生活している限り、英語を話さなくても生きていけるかもしれません。でも、もったいないなと思うんです。現代の日本に生まれたということは、それだけでも恵まれたこと。そうであればこそ、恵まれた状態にあるものとして、していかなければならないことがあるのではないか。外の世界に目を向けていかなくてはならないのではないか。そんなふうに思うのですね」

「今日お集まりの先生方には、ぜひ生徒たちが『透明なマユ』を打ち砕く手助けをしてあげてほしい。自分の受け持つ生徒たちに、『透明なマユ』の中が自分の全てではないということを、実感させてほしいと願っています」

まだ若かった私は、身の引き締まる思いでした。このあと、チャップリンの「独裁者」のスピーチを、参加者全員で暗唱したのも良い思い出です。

さて、この本の著者、北川智子さんは、カナダのブリティッシュ・コロンビア大学で数学と生命科学を専攻したのち、同大学院でアジア研究の修士課程を修了、プリンストン大学で博士課程を取得されました。つまり、大学院に進学するときに大きく専攻を変えたことになります。そして、従来の日本史には「女性」についての視点が欠けているという問題意識に立ち、"Lady Samurai"という概念を提唱、日本史の記述を大きく変えようとしておられます。活躍はそれだけにとどまりません。ハーバード大学の先生として教壇に立った北川さんは、それまでは10名も受講者がいなかったハーバード大学の日本史のクラスを、わずか2年で受講１００名を超える超人気クラスに育て上げました。「思い出に残る教授」賞にも選出されたそうです。

その過程で、北川さんがどんな問題意識を持ち、どんな工夫をしたのか。どんな思いで日々を過ごしていたのか。なぜ挑み続けることができたのか。興味がわきませんか？

目標を持ち、目的意識が明確な人は強いです。打ち込める趣味のある人はしなやかです。明快な構成と論理で書かれ、目的別の章立てもわかりやすく、爽快な本でした。「自分を取りまく透明なマユを打ち破り、外の世界に出ていく勇気がほしいな」と思う時、ぜひ読んでほしい一冊です。（*June 2012*）

## 52 『人生の授業』木村 達哉

吉田兼好はかつて、「少しのことにも、先達はあらまほしき事なり」と書きました。先達とは、「他の人より先にその分野に進み、業績・経験を積んで他を導く人」のこと。灘校の木村達哉先生は、私にとって大切な先達です。

先生と出会った時、私は29歳でした。教員になって4年が経ち、担任や当該学年の教科担当者といったそれなりに責任ある地位を任されながら、ある意味どん底であえいでいました。前年あたりから、どう授業すればいいのかがわからなくなっていたのです。何を教えればいいのかわからず、どうやって教えればいいのかもわからない。教壇に立つことを「怖い」とさえ感じたものでした。3年目あたりまでは無邪気に楽しく教員をしていた私にとって、それは初めての試練だったのかもしれません。

今になって振り返れば、その原因は自らの経験不足と力量不足です。しかし当時の私は、うまくいかない原因を全て他人や環境のせいにして、気の毒な自分を演じては同情を求めていたように思います。仕事を「やらされている」という感覚が日に日に強くなっていました。「もうやめよう」と思いながら帰路についた夜もあります。

それでも、目の前には生徒たちがいて、今日も明日も授業は続きます。ワラにもすがる思いで解決の糸口を探していた時に見つけたのが、木村先生の主宰する「英語教師塾」でした。全国から集まった多くの英語の先生を前に、何名かの先生が実際に授業をし、その内容について徹底的に検討する、という場です。先生のブログで詳細を読んだ私は即座に申し込みをし、幸いなことに授業もさせていただけることになりました。東京まで出向き、大勢の先生の前で英作文の授業をしました。誰一人知っている先生はいません。今思えば、どんなに恥をかいてもいいから、授業改善のヒントがほしかったのです。必死でした。

殻を破ってこそ得られるものもあります。授業後に先生方から寄せられる指摘は、「なるほど、そういうところを意識すれば授業はよくなっていくなぁ」と納得できるものばかりでした。ちょっとしたことに意識を向けるか向けないかで、授業は大きく変わります。英語教師塾に参加し、同じような悩みを持ちながらがんばっている全国の先生方と出会えたことで、私はスランプを脱していく一つのきっかけを得ることができたようです。以来、毎年英語教師塾には参加させていただいています。

そして、苦しみながらも投げ出すことなく、当時担当していた学年の生徒たちを送り出せたことは、自分にとって大きな意味を持つ出来事でした。自分の経験値が確実に上がり、少しは自信も芽生えたからです。

以下に引くのは、本書に記された木村先生の言葉です。

すべての出来事は過程なんですよね。今、つらい経験をしていても、未来のある時点から振り返ったときに「あの失敗や挫折があったのは、今の自分につながる大事な過程だったんだな」と思えるように、失敗を恐れず、前向きに生きていきたいものです。

『人生の授業』のタイトルが示す通り、温かい語り口にどこか先生のホームルームを受けているような気持ちになれるところが気に入っています。日々教壇に立って何かを話し続ける生活をしていると、時には心を空っぽにして、信頼している人の言葉に耳を傾けたくなることがあるのですよ。

初めて中学1年生を担当することが決まった時、私は電話で木村先生に尋ねました。

「先生、中学1年生を受け持つにあたって最も心がけるべきことは何だと思いますか」

ひと呼吸おいて、木村先生はこうおっしゃいました。

「そうやなぁ。human to human なコミュニケーションを忘れないことやろうなぁ」

この言葉は今でも、私にとっての大切な指針の一つです。


人生には波があり、良い時期もあれば悪い時期もあります。振り返れば、うまくいかない時期にこそ、やがて訪れる成長の種が蒔かれているようにも思うのです。

（*June 2016*）

## 53 『世界初をつくり続ける東大教授の「自分の壁」を越える授業』 生田 幸士

教員免許更新のための講習を受けました。私が選んだ講座タイトルは「マネジメント理論から見る人材育成の方向性」。せっかく大学の講義を聴けるチャンスなのですから、英語以外の講座を受けたくて、タイトルに惹かれこれを選びました。鹿児島大学法文学部教授（当時。2020年現在は鹿児島大学総合教育機構共通教育センター教授）で、経営学がご専門の大前慶和先生による講座です。おそらく私は周囲の誰よりも熱心に話を聴き、ノートをとっていた気がします。とてもおもしろい講義でした。

おもしろいと思った最大の理由は、大前先生の話が実体験に基づいていたからだと思います。理念を語るだけだと、伝える力は弱い。実体験を添えることで、伝える力は強くなります。今回の講義がまさにそうでした。

さて、講義を通して大前先生が示そうとされた理念は「Back Casting（バック・キャスティング）」と「素人発想・玄人実行」。これについての私の理解を言葉にしてみると、以下のようになりそうです。「何か新しい発想に基づいてビジネスを展開しようとする際、経験や専門知識は、時としてその発想を制限することがある。飛躍を実現させるために、まずは素人の発想で、つまり『それは無理なんじゃないか』とか余計なことは考えずに、理想像を打ち立てよう（素人発想）。そしてその理想を実現するために何をすべきか、逆算で考えていこう（Back Casting）。そのアイディアを現実に移す時の具体的な行動にこそ、専門知識と経験を活かそう（玄人実行）」。なお、大前先生によると、「素人発想・玄人実行」という言葉は、２０１６年に京都賞（先端技術部門）を受賞された金出武雄先生が『素人のように考え、玄人として実行する——問題解決のメタ技術』（ＰＨＰ研究所）において造られたものとのことです。

大前先生は語ります。「『ごちゃごちゃ考えるよりやったもん勝ち』という側面が世の中にはあり、発想を頭だけに求めるより、まずやってみて行動の中から発想したほうがよい」。

先生が抱く理念の裏付けとなる実体験として、先生が関わってこられたビジネスの成功例がいくつか紹介されたのですが、中でも興味を引いたのは「ダンボールコンポスターで家庭から出る生ごみを堆肥化することによるエコスイーツの取り組み」です。持続可能であることを目指した環境活動の一つ。「生ごみが、スイーツという高付加価値のものに生まれ変わるからおもしろい。そのおもしろさの背景にはストーリーがあり、私たちはそのストーリーをこそ売るのです。そして見てください、畑で作物を収穫している子どもたちの顔。こういう笑顔があれば、環境教育も広がっていくと思います」

実体験を熱く語る大前先生の語り口に、さらに引き込まれました。

さて、本の紹介です。私が先の講義で学んだ内容と本書のメッセージは、重なるところが多いように感じました。

東京大学大学院教授で、ロボット工学を専門とし、医療分野で活躍する医用ロボットの世界的先駆者でもある生田先生は、自身の経験をもとに「バカ」になることの必要性と重要性を訴え続けています。東大で「バカゼミ」というゼミを開講し、学生たちに「バカになれ」と説きます。説くのみならず、どうすればバカになれるのかを具体的に指南し、彼らが「バカ」を突き抜けて真の研究者へと育っていくための基礎訓練を日々学生たちに施し続けているそうです。

生田先生によれば、「バカを貫く」とは世間の常識を疑い常識と戦うこと。そして、「世間の常識を徹底的に疑い、『新しい常識のあり方』まで考えられる人、つまり新しいジャンルを作り出せる人のことを人は天才と呼ぶ」といいます。

第1章における著者のメッセージはおよそ次の通りです。「バカになって、大きな夢を持て。大きな夢を源に、自分が実現させたいものは何なのかについて、まずはコンセプトを考えよ。コンセプトが浮かんだら、それを可能にするためのアイディアを出せ。しかるのち、具体的な開発の手順を考えよ」。まさに、先ほど紹介した「Back Casting」と「素人発想・玄人実行」ではないでしょうか。

発想は「バカ」になって、しかしそれに対するアプローチはあくまでもアカデミックかつ真剣に。高い志を持ち、発想を実行に移す行動力を武器に、持てる情熱を注ぎ込め。

そんなメッセージを受け取りました。

*(June 2014)*

## 54『大人のための社会科――未来を語るために』

井手 英策・宇野 重規・坂井 豊貴・松沢 裕作

「学校教育に対する保護者の意識調査」という調査があります。ベネッセ教育総合研究所と朝日新聞社が共同で行っているもので、概ね5年に1回行われており、調査結果はネットで見ることができます。公開されている、2018年3月の調査結果を見てみました。

この調査で最も考えさせられたのは、「所得の多い家庭の子どものほうが、よりよい教育を受けられる傾向」についてどう思うかという質問です。

2018年の調査結果では「当然だ」が9・7%、「やむをえない」が52・6%です。合わせて62・3%の大人が、この状況を許容していることになります。これは、「問題だ」とする34・3%を大きく上回っています。

ところがこの数字、10年前の2008年の調査では「当然だ」が3・9%、「やむをえない」が40・0%でした。これに対して「問題だ」とした保護者は53・3%もいたのです。

この10年で、なんと多数派が入れ替わるほどに「社会の意識」は変化してしまったことになります。

「経済的な余裕があればあるほど、その分を子どもの教育に投資できる」という感覚は、ともすれば当たり前の親心のように感じられるかもしれません。けれども一方で（このあたり、保護者の方から授業料をいただいて運営がなされている私学の教員としては説明が難しいのですが）、「社会の意識」としてそのような状況を容認してしまえば、これからの子どもたちが生きていく社会はひたすら二極化し、不安定になっていきかねないと危惧します。

つまり、この問いを、「我が家、我が子、我が職場だけの問題」ととらえてしまってはまずいのではないでしょうか。むしろ広い視野に立ち、「私たちの社会をどうデザインすべきか（＝主には税金をどう使うのか）」という問題と捉えるべきで、そういう想像力をもって社会の事象をみることの必要性と難しさを日々実感しています。

私は、「所得の多い家庭の子どものほうが、よりよい教育を受けられる傾向」を、「問題だ」と捉える大人が多数を占める社会のほうがいいと思います。もしそのような傾向を「やむを得ない」と許容してしまえば、社会は思考停止に陥り、「学びたい気持ちは人一倍あるのに、家庭の経済状況によってそれが許されない子どもたち」が救われないままになってしまうからです。

一方で、多くの人が生活に苦しさを感じているという現実もあるわけです。教育は大切なのだから、どんどん税金を投入すればよい、という訳にもいきません。より広い視野で考えて、「みんなの利益」という視点を大切に、分断のない社会を実現していくために、私たちは何をすればいいのでしょう。

このような問題に関しては、生活感覚に裏打ちされた感情論をぶつけ合うのではなく、これを「社会システムの話」として冷静に議論し、「私たちはどのような社会で暮らしたいのか」について合意を形成していくことが大切になります。そして「社会システム」について理解し、話し合うためには、共通の知的プラットフォームが必要です。「この社会はどのようにして形作られ、運営されているのか」についての知識と理解なしに、社会システムについて論じ合うことはできません。

というわけで、本書を紹介します。

それぞれに専門の異なる4人の学者によって書きあげられたこの本では、日本の社会を形作っている、誰にとってもおなじみの12の「キーワード」が取りあげられています。それぞれのキーワードについて、実力ある研究者の面目躍如ともいうべき、わかりやすく深みのある論考が展開されています。いまの社会状況や知的状況に対する著者たちの認識や、その状況を少しでも良いほうへ変えていきたいという想いがしっかりと伝わってくるのがよい。

本書を読むと、「自分たちはどんな社会を作っていきたいのか」について、まさに未来の社会を生きる当事者として、考え、議論したくなるでしょう。そして議論できる仲間がほしくなるはずです。本書をきっかけに、皆さんの中に有機的な学びが起動することを願っています。

最後に一つ。ラ・サール学園についていえば、母体である修道士会、ラ・サール会の理念の一つは「貧者への優先的奉仕」です。そのためもあり、校長先生は折に触れて、「私たちは恵まれた環境にいる」とおっしゃいます。恵まれた人間には、自覚すべき義務があります。充分に学ぶ機会を与えられた者として、生徒たちには、「社会的弱者へのまなざし」を、この先も気持ちのどこかに持ち続けてほしいと願わずにはいられません。そのまなざしが、社会を変えていくと思うのです。

（*June 2018*）

## 55『人間はどこから来たのか、どこへ行くのか』高間 大介（NHK取材班）

知的好奇心が大いに刺激されました。本書を著したのは、高間大介さんをはじめとする「NHK取材班」。本書のもとになったのは、「サイエンスZERO『シリーズ　ヒトの謎に迫る』」と題された一連の番組です。

「人間とは何か」。このあまりに茫漠として、どこから手をつければいいのかわからない問いを考えていくために、著者が「とっかかり」として提示するのは以下の10のテーマです。これがそのまま本書の章立てとなっています。

第1章　DNAが教えるアフリカからの旅路

第2章　私という〝不思議のサル〟
第3章　ロボットが問う〝人間の証明〟
第4章　私が知らない私の心
第5章　私の中の「動物」VS「文化」
第6章　言葉はどのように誕生したか～心を生んだ装置　その1
第7章　表情という〝心の窓〟～心を生んだ装置　その2
第8章　1400グラムのアイデンティティ～心を生んだ装置　その3
第9章　農耕・人類の職業選択のゆくえ
第10章　死と向き合う心

著者たちは、各分野で研究の最前線にいる研究者たちを訪ねてまわります。本書はその訪問記と表現してもよく、各章とも構成に共通点があるといえます。以下のような構成です。

①ごく身近な話題でテーマへの入り口が与えられたのち、②訪ねる研究室の地理的な特徴が記述されて、③研究者の紹介がある。④それぞれの研究者が情熱を傾ける研究が「何を明らかにしつつあるのか」、紹介される。

文体は歯切れよく、また研究者の紹介文はその人の人間的な魅力を端的に伝えています。

どの章も大変におもしろいです。固定観念を覆されることは読書の大きな喜びですが、本書は「うわー、なるほど！」の連続です。

たとえば、言語の起源をめぐる第6章。言語の起源について私がなんとなく抱いていたイメージといえば、「最初に単語ができて、やがてそれらを統べる文法ができていった」というものでした。しかし、理化学研究所（取材当時）の岡ノ谷一夫さんはそうは考えておられないようです。岡ノ谷さんが考える、ヒトの言葉が生まれた流れは……

最初にいくつものフレーズが組み合わさった歌があった

↓

それが短い部分に切り分けられて、意味を持つ単語が生まれた

どういうことでしょうか。

まだ言語を持たなかった頃、私たちはおそらく歌で気持ちを伝え合っていました（そう岡ノ谷さんは推測なさっています）。一方に、「俺はマンモスが好きだー」という気持ちを表現する歌があったとします。もう一方には、「俺はユキちゃんが好きだー」という歌があります。この時、両方の歌に共通する部分が、「俺は○○が好きだー」という意味の言葉になっていったと考えてはどうでしょう。つまり、文法が先で、それが分節されて単語ができたと、岡ノ谷さんは考えているのです。

このワクワクする考え方（＝「歌起源説」、正確には「歌と文脈の相互分節化仮説」という名前がついている）のヒントになったのは、なんとジュウシマツの研究だといいます。ヒトとジュウシマツの間には、この説の根拠となりうる類似性が複数指摘でき、また、その脳にも科学的な共通性が見出されています。もちろん、言語の起源に関して確かな結論などなかなか出ないでしょうし（永遠の謎かもしれない）、まだまだわからないことだらけなのですが、描写される岡ノ谷先生の様子や言葉から、「情熱をもって自分のテーマを学問的に追求するおもしろみ」は存分に伝わります。何より（著者も書いていることですが）、言語の起源を探求するという行為そのものが、「言語がいかに人間にとってかけがえのないものであるか」を私たちに伝えてくれるのです。

私たちは、「言語をかけがえのないものとして扱える存在」です。それは、「人間とは何か」という問いに対する一つの洞察でありうるでしょう。

そんな岡ノ谷さんの人間の定義は、「ヒトとは愛を歌う動物である」。

このように各章に登場する魅力的な研究者が、それぞれの立場からどのように人間を定義しているのかを知ることができるのも、本書の魅力の一つです。

「人間とは何か」という根源的な問いについて、何らかの視点で深く掘り下げて考えるきっかけを得ることで、人生は豊かになると思います。少し難しいところもあるかもしれませんが、各章は独立していますので、気になる章だけでも読んでみてはどうでしょう。もし心に引っ掛かる研究テーマやキーワードと出会えたら、チャンスです。インターネットで検索をかけてみましょう。関連するテーマの本が見つかったり、同じテーマを扱っているプレゼンテーションの動画を見ることができたり、どの大学の何という先生がどんな研究をしておられるのかを知ることができますよ。

*(July 2017)*

## 56 『哲学しててもいいですか？――文系学部不要論へのささやかな反論』

三谷 尚澄

実におもしろい本です。読み終えたとき、「ぜひ哲学しててください！」と心の底から思いました。

1974年生まれの著者は、京都大学にて哲学の博士号を取得し、現在は信州大学人文学部准教授として西洋哲学・倫理学を教えておられます。

本書は、著者が「大学で（哲学専攻ではない学生に向けて）哲学を教える」という自らの仕事の意義について、また自らの職場の存在意義について、真剣に考えた軌跡といえます。

その要旨をまとめると、以下のようになるでしょう。

幾多の難題を抱え、余裕が失われ息苦しさが増していく時代の中で、人々はともすれば、自分で考えることを簡単に放棄してしまいます。例えば「他に選択肢はない。これしか道は残されていない」といった類の、目の前の不安や厄介ごとをまとめて面倒を見てくれるかのような言説は、耳に心地よく身を委ねるに楽です。人々は、とりあえずそちらになびいてしまう。そして多くの場合、「どうすればいいのか、また現状に対しどんな見方ができるのか」を苦労して自分で考えようとはしなくなります。

著者によれば、一見わかりやすい「正論」の前に多数の人々が思考停止に陥っていく状況に小さくとも風穴を開け、その場の空気を少しだけでも変えることができるのは、哲学的な訓練を受けてきた人間です。人々が日々の快適なまどろみに自閉しようとする状況の中で、あえて「ちょっと待って」のひと声をあげられる人。そのような人たちを著者は時に「異邦人」と呼び、またある時は「外の思考の担い手」と呼びます。

著者は、外へと開かれ、本当の意味で自ら思考する習慣を身につけた人間には、「哲学の器量」があると説きます。自らには異質と映るものも議論の土俵に招き入れ、相手を否定し自らも否定されながら、仲間たちとの共同の討議を通して「それぞれの考え方」を吟味していく器量です。

そういう「哲学の器量」を身につけた市民が、社会のさまざまな場所に居場所を確保していることがいかに重要であるかを考えるならば、「哲学の器量を備えた市民の育成」を目的とした大学教育の必要性も自ずと明らかになるはず。
以上、著者のメッセージを私はこのように受け取りました。

私としては、先に引いたような「思考停止的な時代の空気」が、著者が日頃接する学生たちの「気質」と絶妙にリンクさせて描き出されているところもおもしろかったです。

本書の第1章、第2章では、大学生の現状（一部惨状）が、現場を知る著者の目を通してわかりやすくレポートされています。感じてはいるけれど言葉にしにくい「気質」についての考察が、わかりやすく説得力のある言葉で展開されていくところにも、長年に渡り哲学の訓練を続けてきた著者の力量を感じました。

社会に目を転じれば、「一見正論に聞こえるけれども、よく考えてみると（いえ、考えるまでもなく）根拠のない思い込み」を声高に叫ぶ一部の人たちが、社会を動かしてしまう現状があります。「日本人が英語を話せないのは学校教育のせいだ」などという根拠はないが受け入れられやすい思い込みを理由に掲げて、あろうことか大学入学共通テストに民間試験が導入されようとしたりします。

そんな一つひとつの事象について、「そんなものか」と思考停止せず、「ん？」と感じられるアンテナを持ちたいものです。そして、ある出来事や言説に対し違和感を覚えるならば、それが「なぜおかしいのか」ということを自分なりに考え、説明し、議論し合える力、すなわち「哲学の器量」を養っていこうではありませんか。

（*January 2019*）

Imagining

# 想う

Life × Sympathy

人生×共感

小説を読み、別の人生を生きることは楽しいことです。さまざまな時代のさまざまな人生を味わう中で、胸が高鳴ったり、心が沈んだり。その共感の痕跡は脳に刻まれて、小説の内容を忘れてしまったあとも、いつまでも残っていくように思うのですね。没頭できる小説との出会いは、この上ない喜びです。

## 57『モモ』ミヒャエル・エンデ／大島かおり（訳）

モモという不思議な女の子と、人々から時間を盗んでいく灰色の男たちとの戦いを描いた物語です。時間というのは不思議ですね。時計で計れる客観的な時間もありますが、それとは別に、もう一つの時間が私たちの心には流れているようです。楽しい時間はあっという間に過ぎていきます。退屈な時間は、なかなか過ぎません。そういえば、「時間を忘れているときが、一番時間を大切にしているときかもしれない」というキャッチコピーのコマーシャルもありました。

エンデは、『モモ』の中で、「時間とは、生きることそのものだ」と書きました。そして人のいのちは心を住みかとしている、と。だから人間が時間を節約すればするほど、生活はやせ細っていくのだそうです。

例えば、九州新幹線が全線開通して、鹿児島から博多まで1時間半で行けるようになりました。かつて特急でも3時間を要していたことを思えば驚くほどの時間短縮であり、それ自体はとてもありがたいことです。しかし、と考えてみます。その浮いた1時間半で、私たちは何をしようとしているのでしょうか。もし1時間半早く着けるようになったために、「あれもしたい、これもできる」と考えて、かえって旅がせわしなくなったり、同じようにして生活からゆとりが消えたりしていくのだとしたら、もったいないことだと思いませんか。

現代社会において、日常生活は確かにいそがしい。しかし、いそがしさに追われるあまり、心を込めて仕事をしたり、ゆっくり人と会話したり、味わって本を読んだり、そういうことが「無駄」と認識されるようになってしまっては、何のために生活しているのかわからなくなってしまいます。

私自身時間に追われ、いらいらしてしまうことは生活の中でしょっちゅうあります。けれども、『モモ』が与えてくれた、「生きるということは、それぞれの人がそれぞれの形で、自分が生きた時間をこの世に二つとない花に変えていくことだ」というイメージは、あせりがちな私の心にささやかなブレーキをかけてくれます。明るくてぬくもりを感じさせてくれる花を、咲かせていきたいですね。

(*April 2010*)

## 58 『悪人』吉田 修一

小説の舞台は九州北部の福岡県・佐賀県・長崎県。私の読みが正しければ、この三つの県の中で物語は完結します。つまり、主要な登場人物はこの3県の外へは一切出ません。福岡の天神や佐賀市、福岡と佐賀を結ぶ国道263号線、その263号線が越えていく三瀬峠、また佐賀県の呼子（イカで有名ですね）や長崎市において物語が展開していくので、九州北部出身者の中には、登場する地名や風景に親しみを感じながら読める人も多いかもしれませんね。会話が福岡・佐賀・長崎の方言で展開されていくのも魅力的です。
さて、小説の中で何が起きるのか。新聞記事の書き方を意識して短くまとめるとこういうことです。
「長崎の土木作業員・清水祐一は、出会い系サイトで知り合った女性を殺害、死体を遺棄し、やはり出会い系サイトで知り合った別の女性を連れて逃げた末に逮捕された」

どうでしょう。物語の「筋」を書き出せば、つまりはそういうことなのです。これだけ読むと、清水祐一はなんて悪いやつなんだと思いませんか？　そして私たちは、会ったこともない清水祐一を「悪人」というカテゴリーに分類し、「どうせしょうもないやつなんだろう、悪人だし」とわかったような気になってしまう。実はこのような心の動きは、新聞の社会面を読みながら私たちが日々経験していることかもしれません。

しかし『悪人』を読んで、いったいこの話の中で本当の〝悪人〟は誰だったんだろうと考えずにはいられませんでした。起きてしまった「事実」だけ見れば、「悪い」、つまり「法律で罰せられる」対象となるのは清水祐一ただ一人かもしれない。けれど、「事実」は一つでも「真実」はきっと人生の数だけあるのです。少なくとも清水祐一は、決して幸せとはいえない生い立ちを背負いながら、それでも一生懸命に生きようとしていました。不器用さを抱えながら、自分のことを信じてくれる人の存在を欲して必死にもがいていたのです。清水祐一の人生に触れ、言葉に触れる中で、この小説において「清水祐一こそが『悪人』である」とは思えなくなっていました。

それぞれの人生を一生懸命生きている人たちが、この小説には複数出てきます。母親に捨てられた祐一を育て上げた、祐一の祖母。三瀬峠で祐一に殺された娘の、父親と母親。一方で、一生懸命生きている人間をあざ笑い、軽んずる人たちが描かれます。いったい、本当の「悪人」は誰なのでしょう。ぜひ、この先は小説を読んで何かを感じ、考えてほしいと思います。最後の灯台のシーンには胸が詰まりました。

せっかく原作を読んだので、映画「悪人」も観に行きました。妻夫木聡・深津絵里主演、監督は「フラガール」の李相日。モントリオール世界映画祭にも出品され、深津絵里が最優秀女優賞を受賞しています。わりと原作に忠実な映画化で、灯台の映像がとてもきれいでした。そしてとにかく、俳優陣がうまい。小説を読んでから映画を観るとより深く味わえると思いますよ。

（*October 2010*）

## 59『木洩れ日に泳ぐ魚』恩田 陸

文化祭以来、教室うしろのロッカーに水槽が置かれ、2匹の金魚が泳いでいます。名前はジョンとメアリー。生き物を見ていると飽きません。水槽の底にゼオライトの石を敷き、人工の水草を入れました。ジョンもメアリーも新たな環境になじんできたようで、最近は餌もよく食べています。金魚って、食べていない時も、口をパクパクさせているのですね。水槽の前に立つと、彼らもこちらを見ているように思えることがあります。

彼らは、

「ジョン、この水槽が私たちの世界の全てなのね」

「そうだね、メアリー。でもガラスの向こうの世界では日々激しく遊んでいる人間の子どもたちを目にすることができるし、それはそれで楽しいね」

「そうね、ジョン。ところでさっきからずっとこっちを見ているこの人は誰?」

などという会話を繰り広げていたりするのでしょうか(しないでしょう)。きっと「自分たちの水槽が置かれているロッカーの全体図がどうなっているか」なんて考えもしないでしょうし、まして板1枚へだてた隣の棚に誰かの体操服が無造作に入っていることなど想像もしないに違いありません。

水槽の上の棚には、地球儀が置いてあります。地球儀を眺めていると、ジョンとメアリーの世界の全てが水槽で完結しているのとは対照的に、私たちの生きる世界は無限の広がりを持っているかのように感じられてきます。けれども、考えてみれば私たちとて「この瞬間、この場所に」存在する以外にないのです。世界がかくも果てなく思えるのは想像力の素敵な飛翔であり、さまざまな時やさまざまな場所に思いをはせながら、この身はただ教室で2匹の金魚を見つめています。

文庫本にして293ページに及ぶこの小説の舞台は、アパートの一室です。二人の男女が夜を徹して語り合っています。実質的な登場人物はなんとこの二人だけ。季節は初夏。初夏の夜は短い。短いが濃い。二人は、朝の訪れとともに別々の道を歩み始めることが決まっています。人生の一時期、確かに共有したはずの風景をめぐり、二人は語ります。時の流れに沿って、章ごとに語り手が入れ替わるのがスリリングでおもしろいです。二人で同じ風景を眺めていても、同じものを見ているとは限りません。幼き日々の記憶、S神山地で出逢った「あの男」の最期。

思い出す風景をめぐり、二人の記憶に基づくやりとりは次第に不和を含み始めます。記憶が記憶を呼び起こし、さらなる不和を生む。その違和感をめぐり、アパートの一室で、夜を徹した心理戦です。次第に明らかになってくる「真実」。二人とも疲れ果て、眠ろうとして眠れぬ朝の気配。けれど朝の光とともに、二人は確かにそれぞれの「過去」から解放されました。

恋愛において、客観的な「事実」がどうだったのかはわからなかったとしても、自分にとっての「真実」が何だったのか、物語を紡ぎきることで救われることがあるのでしょう。あるいは、朝の光が全てを塗り込めるように、忘れていくことに絶望しながら、それでも忘却することによって救われる道もあるのかもしれません。その朝、男は静かに畳の上で朝を待ち、女は部屋の外で太陽の光を受けました。作中に散りばめられたメタファーについて、自分なりにあれこれ考えるのもおもしろい、そんな小説です。

今教室で学んでいる皆さんは、やがてどんな恋愛をするのでしょう。ふと水槽を見れば、2匹の金魚が仲良く泳いでいます。ジョンとメアリーがオスなのかメスなのか、いまだにわかりません。

(*June 2011*)

## 60『アントキノイノチ』さだ まさし

先日、「夜回り先生」として有名な水谷修先生の講演を聴きました。

水谷先生の事務所のスタッフたちは、東日本大震災の圧倒的な生き死にの現実を前にして、電話やメールでの相談活動ができなくなってしまったそうです。逃げ場を失った「眠れない子どもたち」を、

「一人も殺さない」という決意で水谷先生が立ち上げた相談のネットワーク。それを7年8か月の間ずっと支えてきたベテランのスタッフたちでさえ、大震災ののちにはそんな状態に追い込まれてしまったというのですね。

東北・関東で、生きたいと願いながら大波に飲まれていった多くの命や、今も被災地で困難な暮らしを強いられる人たち。一方で、震災を経験せず衣食住が保証された環境から、回線を通じてこれまで同様に届いてくる「死にたい」のメッセージ。二つの様相のあまりの違いに、スタッフたちもどうしていいのかわからなかったといいます。

機能不全に陥っていた相談のネットワークが復活したのは、気仙沼から届いた一通のメールがきっかけだったそうです。何度も「死にたい」というメッセージを発しては、リストカットを繰り返していたというその少女は、被災地・気仙沼の避難所で医療現場を手伝うように言われたといいます。その理由は「病院についてよくわかっているから」。そうして被災地での手伝いを続ける中で、彼女はついにこんなメールを送るに至ります。

「先生、私ここでこうしてお手伝いをしているうちに、先生が昔言ってくれた『人は誰かを幸せにするために生きているんだよ』という言葉の意味がわかったよ。私、一生懸命勉強して、将来はお医者さんになりたい。それが無理でも、看護師さんになって困っている人たちを助けたい」

そのメールを読み、スタッフは皆泣きました。そして、相談のネットワークは復活したと、水谷先生は話してくださいました。

小説『アントキノイノチ』の主人公・杏平は、高校の同級生・松井の劣悪な作為の前に心を引き裂かれ、他人とうまくかかわれなくなってしまいます。小説では、杏平の心が壊れていく過程と、杏平の壊れた心が少しずつ回復していく過程とが交互に描かれます。

杏平の心の回復に寄与したもの、それは遺品整理会社での仕事であり、同い年のゆきちゃんの存在でした。一人の同級生を二度も殺そうとし、ついに果たせず心が壊れた杏平は、やがて遺品整理業という仕事を通して、いくつもの実際の死と向き合うことになります。凄惨な現場で、誠実に汗をかく先輩・佐相《さそう》さんの姿にプロフェッショナルの真髄を見ます。自らの仕事を通して人と人の心をつなぎ、感謝される経験を得ます。

そんな中で、同い年のゆきちゃんと知り合い過ごした時間は、杏平にとってかけがえのないものだったでしょう。そしてある日、杏平はゆきちゃんの過去を知るのです。

この先は、小説をお楽しみください。

作中、杏平が遺品整理業という仕事について思いを致す場面があります。

「それでも、僕らの役目はただ一所懸命に部屋を片付けること。」

このひと言が私には響きました。

「人は誰かを幸せにするために生きているんだよ」と、先の講演で水谷先生はおっしゃいました。誰かを幸せにするための方法は、いつだって具体的なのだと思います。依頼者の幸せを願いながら、心の壊れた杏平はそれでも一所懸命に部屋を片付けました。かつて東北で生きる意味を見失いかけた少女は、今、被災地の医療現場を一所懸命に手伝っています。

悲しみのほとりで出会った誰かの笑顔が、明日への希望に変わる。自分の具体的な行動を通して誰かの役に立てることを幸せと思えるようになったら、苦しみも乗り越えていけるのかもしれません。

皆さんがいつの日か、それぞれにとっての具体的な「誰かを幸せにする方法」を手にできるといいなと思います。そしてまた私自身もそうありたいと願う、そんな小説でした。

（*October 2011*）

## 61 『人質の朗読会』小川 洋子

人間にとって、「存在の痕跡」とは何でしょう。

悲しい事件が起きて、誰かが亡くなったとテレビが伝える。人々は一時、そのニュースの悲惨さに衝撃を受け、事件を話題にしたりもしますが、やがて忘れていきます。「亡くなった」と報じられた人がどんな人生を歩み、どんな想いでその日まで生きてきたのか。いちいち立ち止まって考えようとする人は少ないかもしれません。

この小説には9人の語り手が存在します。職業も年齢も全く違う9人の人たち。ある事情で、異国の廃屋に肩を寄せ合うまでは、お互いに何の接点も持たずに生きてきました。その9人が、それぞれの人生で抱えた思い出を、一つずつ順番に語ります。

「自分の過去を掌に乗せ、そっと温めてから言葉の舟にのせて聞き手に届けてごらん」

そんなふうに言われたら、どんな思い出をどんなふうに語るでしょう。

9人の語り手が語った思い出は、いわゆる成功体験や、人生で最も華やいだ時の記憶ではありません。むしろ日常の中で忘れてしまったとしても不思議ではないような、一見するとささやかな思い出ばかりです。丁寧に言葉を紡いで語ろうとしなければ語り得ない一つひとつの思い出は、華やかに輝きはしなくとも、語り手それぞれの人生の文脈の中で確かな意味をたたえています。

9人の思い出話に共通点があるとすれば、一つはその思い出が語り手のその後の人生に深いところで影響を与え続けているということ。そしてもう一つは、それぞれの思い出の中に必ず、「今はもう決して会うことのできない誰か」が息づいているということでしょう。多くの場合その「誰か」とは、語り手が名前すらも知らないままに別れてしまった人たちです。9人の語り手は、お互いに名乗り合うことさえしなかったそれぞれのめぐり合いの中で、名前もわからない人たちの人生の深みに、確かに触れました。触れたからこそ、その人たちは、語り手の記憶の中に永遠に住み続けたのです（この原稿を書きながら気が付きましたが、読み手である私たちには９人の語り手の名前さえわかりません。これは人物の名前をいっさい使わずに書かれた小説です）。

普段は意識しなくても、別の誰かの「存在の痕跡」を自分の物語に織り込んで、私たちは生きていくのでしょう。

「自分の愛する者が間違いなく存在した事実をこの世界に刻み付けておけるならば」という願いのもと、９人の語り手の「存在の痕跡」は、ラジオの電波に乗りました。この人生でいくつくらい、そんなラジオを聞ける夜があるのでしょうか。

もしも誰かが、掌に乗せた過去の記憶を、物語を編むように語ってくれる夜があるなら。

ただ静かに耳を傾け、その人と過ごした時間を自分の中に残していきたいと思います。

（*April 2012*）

## 62『晴天の迷いクジラ』窪 美澄

人生には波があります。

この小説を読んだのは、11月中旬の東京でした。人は時に物語の力に救われることがあります。この小説は、まさに読むべきタイミングで読んだ一冊という気がしています。

人生に疲れ、あるいは心を壊してしまった3人が、湾に迷い込んだクジラを見るために南の半島へ向かうというストーリー。章立ては以下の通りです。

Ⅰ　ソラナックスルボックス
Ⅱ　表現型の可塑性
Ⅲ　ソーダアイスの夏休み
Ⅳ　迷いクジラのいる夕景

第Ⅰ章から第Ⅲ章まで、主人公は別の人物です。デザイン会社に勤める由人、社長の野乃花、母との関係に苦しむ正子。3人の人物がどのように生まれ育ち、どのような性格で、どのような人生のエピソードを経てついに心を壊すに至ったのか、丁寧に描写されています。3人の抱える「絶望」は生々しく深く、そのリアリティはすさまじい。けれども、それこそが「物語の力」なのでしょう。感情は常に個人に属します。個人のエピソードを丁寧に積み重ねる中で、真に迫る苦しみや葛藤があぶりだされていくからこそ、読みながら私たちは彼らが抱える絶望に個人として共感することができるのでしょう。

絶望を抱えそれぞれに死を目指すことを決意した3人は、最終章において行動をともにすることになります。湾に迷い込み、出口を見失って大海に戻れないマッコウクジラは、それでも生きることを止めません。深い苦しみに身を浸してきた3人は、ひと時の家族を演じます。家族に傷つきながら生きてきて、家族という形に束の間救われる。本当の絶望を知るからこそ感じ取れる、再生への希望。たとえ今深い苦しみの中にあるとしても、「あの時期を乗り越えることができてよかった」と思える時がきっと来るはずです。希望の中に絶望の種は既に蒔かれているし（これもこの小説のテーマでしょう）、深い絶望の底に希望を生み出す力はもう宿っているのですね。そしてまた、深い底から浮上していく時というのは、それまで自分になかった力が備わるチャンスなのかもしれません。

今でなくてもいい。例えば大人になって、どうしていいかわからないほど落ち込んでしまうことがあったなら、この小説のことを思い出してくれたら嬉しく思います。そして、読んで少しでも元気を出してほしいです（鹿児島で青春時代を過ごした皆さんは、この小説を読んだらきっと、鹿児島のことを思い出すでしょう）。

（*December 2014*）

## 63 『あん』 ドリアン助川

小説『あん』を読む前に、映画「あん」を見ました。その日の日記には、こんな感想を記していました。

【7月16日　あん】

映画「あん」を見た。「あん」とは、あんこのあん。

思うように生きられなかったと感じている人と、思うように生きることができずに苦しんでいる人たちが、満開の桜の下で出会い、お互いを想い合う。それぞれが抱える言葉にならない叫びに、そっと耳を澄まし、涙を流す。いい映画だった。

機会を作って生徒とともにこの映画を観たい。鹿屋には星塚敬愛園があり、園長の後藤正道さんはラ・サールの卒業生だったはず。一度訪ねてみよう。

そして実際に星塚敬愛園を訪ねたのは、夏休みも終わりに近づいた8月22日のことでした。

【8月22日　星塚敬愛園】

鹿屋の国立療養所星塚敬愛園を訪ねた。映画「あん」に感動して以来、一度訪ねてみたいと思っていた場所。ホームページには、園長先生からの挨拶として「どうか、気軽に敬愛園にお越しください」と記されていたこともあり、まずは行ってみようという気持ちだった。

一般の人も見学できると案内されていた社会交流会館のドアをくぐると、とても親切に対応していただいたばかりか、「あん」に出てくる徳江のモデルとなった女性（上野正子さん）がお話なさっているのを聴くことさえできた。

そして、突然の訪問だったにもかかわらず、園長先生は時間を割いて会ってくださった。温かいお人柄。同窓のつながりは本当にありがたい。


このような経緯を経て、その年の遠足における上野正子さんの講演（@星塚敬愛園）と、ラ・サールでの後藤正道園長（当時）の講演が実現しました。ロングホームルームを使って映画「あん」も生徒たちと鑑賞することができました。

これだけ「あん」に浸ることができた秋です。ドリアン助川さんの手になる原作の小説もぜひ読んでみてほしいと思い、紹介します。基本的に原作に忠実な映画化だったと思いますが、それでも映画化に際し、変わっている部分はあります。「あ、このセリフはそのまま映画の中に生かされていたな」「おや、ここの設定は変わっている。なるほどなぁ……」など、小説と映画との違いを味わうのもおもしろいものです。

とりわけ映画のラストシーンには、監督が原作をどのように解釈したのかが端的に示されることが多いとも聞きます。秦基博さんによる主題歌「水彩の月」が流れたあとで、徳江さん亡き春の空に向かって千太郎が言葉を発するシーンは本当にグッときました。これは、原作にはないシーンです。

人間にとって、「生きる意味」とは何なのでしょう。小説の中で徳江さんが手紙に記したように、「きっと誰もが、自分には生きる意味があるのだろうかと考えるときがある」のだと思います。ハンセン病にかかって14歳で療養所に入り、柊の垣根の中に閉じ込められた徳江さんは、必死にこの問いと向かい合い生きてきました。「世の役に立たない人間は生きている価値がない」。そんな考えにとらわれて、徳江さんは何度も死のうと思ったといいます。

けれどもある時、月の光がささやいて、救いが訪れたのですね。徳江さんを救ったその「考え方」は、映画の中にも引用されています。小説ではこうです。

私たちはこの世を観るために、聞くために生まれてきた。この世はただそれだけを望んでいた。だとすれば、教師になれずとも、勤め人になれずとも、この世に生まれてきた意味はある。

徳江さんは、涙をため込んだ療養所の人たちを、お菓子を作るという具体的な行為によって元気づけ、そうすることで自らも生きてきました。そしてその人生の最後に、千太郎とワカナに出会うことができました。「こういう場所で働いてみたかった」という夢をかなえるとともに、自分を本当に必要としてくれる人に「外の世界」で出会うことができたのです。

「人の役に立つ」ということは、常に具体的です。「具体的な誰か」のための、「具体的な行為」を通してのみ、私たちは人の役に立てることがある。「その人のために、私に具体的にできることは何なのか」ということをその都度考え実行していけるしなやかな強さがほしいです。

そして、「人の役に立ちたい」と願っているのにそうすることがかなわず、「生きる意味」を求めて苦しんでいる人がいることも、忘れてはならないと思います。

「あん」を通して、私は自分の心の狭さを改めて突きつけられたようです。この世界にはさまざまな立場の人がいるということに、自分の想像力が届いていませんでした。優しくなりたいと思いました。映画の中で「あの女の人はライだよ。変な噂が立ったらどうするの、やめてもらって」と千太郎に命じた「どら春」オーナーの女性に、憤りを感じた人は多かったでしょう。しかし、あの女性は「世間一般の人たち」を象徴する存在です。「自分はあの女性のようにはならない」と自信を持って言える人が、どれだけいるというのでしょう。私は、自信がありません。

この先、いつか徳江さんのような人と出会う日が来るのかもしれません。その時までに、徳江さんの存在や歩んできた道のりにじっと耳を傾けることのできる心を手にしていたいと祈ります。

(*October 2017*)

Traveling

# 旅をする

# 1

Foreign countries × Diversity

世界×多様性

初めての海外一人旅はアラスカでした。シトカ、アンカレジを経てタルキートナからセスナでルース氷河へ。「星野道夫さんの本に出てくる人たちに会いたい」という想いに突き動かされた旅でした。ルース氷河に狂い咲くように舞ったオーロラを、私は一生忘れないでしょう。

本が、つまり著者が想いを託した言葉が、ここまで人を動かすことがある。旅を経て、読むことへの想いはいっそう募り、旅をして書くことへの憧れが我が身を焦がしたことを思い出します。

## 64『旅に出よう――世界にはいろんな生き方があふれてる』近藤雄生

旅が好きです。

私を旅好きにさせた最大の要因が、中学1年生からの寮生活であることは間違いないと思います。12歳で寮に入り親元を遠く離れたところで6年間も生活しているうちに、飛行機に乗って長い距離を移動することが、いつの間にか自分にとって「普通のこと」になっていました。これには感謝しています。遠くへ行くことに対する心理的な抵抗が消えていたので、大学に入った最初の夏休みには何のためらいもなくネパールへ行きました。それ以降ずっと、「旅がしたい」と思い続けて、大学生活を送った気がします。国外だろうが国内だろうが、さまざまな場所へ行ってみたかったのです。それもなるべく、人力(徒歩や自転車)で。

この本の著者・近藤雄生さんは、私より三つ年上です。「旅をして、何かを書きながら生きていきたい」と考え、26歳の時実際に旅立ちました。しかも結婚して夫婦一緒に外国へ。すごい行動力だと思います。そうして5年の旅を経て、目標だった「旅して書く」生き方を実現しようとしている近藤さんが書いたこの旅行記は、実におもしろいです。近藤さん夫妻が旅の中で出会ったさまざまな人生が、「世界にはいろんな生き方があふれてる」という副題の通りに、本からあふれてきます。

普段の暮らしの中では想像もつかないような多様な生き方を、旅や書物を通して具体的に知る。そのことが、私たちに勇気を与えてくれるのはなぜでしょう。故国ジンバブエを捨てて、オーストラリアでイルカ保護のボランティアをする女性。そのオーストラリアで自分の「国」（なんと法的に有効）を造ってしまったおじいさん。狩りをして鯨を捕ることの充実が、人生の歓喜そのものである人たち。上海で格闘家として自分の腕だけを信じて挑む日本人、さらには、素性を隠して生きねばならないスイスのチベット難民。旅行記というのは、旅を通して人を描くものだと改めて思いました。

多様な生き方を知り、生き方はいろいろあっていいと思えるだけで、気持ちが楽になり、力がわいてくるではないですか。

さあ、旅に出ましょう。次はどんな出会いがあるでしょう。

*(July 2010)*

## 65『世界一周！ 大陸横断鉄道の旅』 櫻井 寛

高校2年生の夏休みに使った「青春18きっぷ」は思い出深いです。ご存じの方も多いと思いますが、ＪＲの普通列車と快速列車に1枚で1日間、好きなだけ乗れる切符です（5枚綴り）。使うたびに、最初の駅で日付と駅名の入ったスタンプが押されます。（当時はそうでした。今もそうでしょうか？）

その夏私が使った「青春18きっぷ」の内訳は以下の通り。
①7月25日。当時実家の最寄りであった千葉県・市川大野駅から長野県・松本駅へ。
（そこから5日間かけて北アルプスを縦走。燕岳から奥穂高へ）
②7月31日。縦走を終え松本駅から市川大野駅へ戻る。
③④8月5〜6日。京都駅から博多駅までの「ムーンライト九州」乗車。さらに博多から長崎へ。
（8月6日の夜は長崎のユースホステルで過ごす。飛行機にて帰る）

そんな夏でした。あと1回分をどのように使ったかは忘れました。

あの日、山へと向かう中央本線の普通電車はすいていました。濃い緑の中を、1両編成の列車に揺られたのですね。網棚には巨大なザック。行きは食料でいっぱいで、帰りは思い出と充実感でいっぱいでした。深夜の京都駅ホームから乗った「ムーンライト九州」の、独特の旅情も忘れがたいものです。けれどいつの間にか、私にとって「鉄道」は、「移動手段の一つ」になってしまったのかもしれません。

今回紹介するこの本には、異国を鉄道で旅することに対する著者・櫻井寛さんの愛がたくさん詰まっています。櫻井さんは、「移動のため」に鉄道を使っているのではありません。特に大陸の場合、単に移動のためなら飛行機のほうがはるかに早くて便利です。中国、オーストラリア、シベリア、カナダ、アメリカ。これらの「大陸」で櫻井さんが鉄道に求めるのは、機関車を先頭に広大な大陸をひた走っていく非日常の「旅」なのです。

世界でも屈指の長距離列車で大陸を横断した旅行記である本書は、非常に具体的な案内書（ガイドブック）でありながら、同時に優れた「旅論」にもなっていると思います。ただ「どこかへ行く」ことが旅なのではありません。自分なりのテーマを掲げ、行ってみたい場所へ行ってドキドキワクワクしながら時間を過ごすことが旅なのです。そこで出会った人とのやりとりや、感情の起伏、風景の移ろいを心ゆくまで味わうのが旅なのです。自身の旅の記録を通して櫻井さんは、「せっかく旅に出るなら、幸福感をかみしめられる旅をしようよ」と私たちを誘います。

ぜひ、その誘いに乗ってみてはいかがでしょうか。

*(May 2011)*

## 66 『ぼくはアメリカを学んだ』 鎌田 遵

私が日頃生徒たちに願っていること。それは、勇気を出して、今の自分を包んでいる心地よい「透明なマユ」の外へと飛び出し、失敗も含めてこれからにつながる経験をたくさん積んでほしいということです。本書を読んでくださる皆さんにも、同じ想いを込めて、かつてアメリカで見た風景を記したいと思います。

現在、ラ・サール学園では、高校1年生の夏休みに、生徒に対して語学研修の機会を二つ提供しています（希望者対象）。そのうちの一つである、ホームステイを主体とするアメリカ語学研修の第1期生を引率した時の思い出です。

カリフォルニア州サクラメント近郊で、帰国が間近に迫ったある日の午後、生徒たちは夕方に開催されるフェアウェルパーティに向けて準備を進めていました。ピアノやバイオリン、けん玉やコマ、あるいはコントのネタ合わせなどを入念に行い、パーティに備えます。

そんな中で、私に声をかけてきた一人の生徒がいます。その生徒、K君は、およそ以下のようなことを言いました。

「パーティに際して何かやりたいとは思うが、自分は楽器が弾けるわけでもないし、何をやったらいいのかよくわからない。そこで、自分の故郷である広島について、スピーチをしたいと思う。確かに広島は原爆を落とされた街なのだけれど、今の広島はもう美しい街に再生し、たくさんの人々がそこで暮らしている。それなのにアメリカの人たちは広島について多くを知らず、今回の滞在中、『今、広島に人は住んでいるのか』と問うた人すらあった。それはとても残念だ。だから、自分の故郷広島の今の美しい姿を、今回お世話してくれた方々にぜひ紹介したい。でも不安がある。フェアウェルパーティという場に、そのような話題はふさわしいのだろうか。お世話になった方々に感謝の気持ちを伝える場で、原爆の話題など持ち出したら、アメリカの人たちは心証を害さないだろうか。先生、そういう話題が持ち出された時アメリカの人たちはどんな思いを抱くのか、ホストファミリーの方々に聞いてみてくれませんか？」

Ｋ君が伝えたかったのは、「原爆による被害」ではなく「今の広島の姿」です。問題はなかろうと思いましたが、一応聞いてみました。私の問いかけを真剣なまなざしで聞いた後、ホストマザーの一人はこんなことをおっしゃいました。

「全く問題ないと思うわ。むしろ知らせてほしい。恥ずかしいことだけれど、私たちが持っている原爆の知識というのは微々たるもの。原爆の被害に遭った人は、今もさまざまな後遺症で苦しんでいるらしい、という程度なの。だから、ぜひ今広島がどうなっているのか教えてほしい。そういうテーマでスピーチをすることは、全く問題ないわ（It's totally fine.）」

彼女の言葉を伝えると、Ｋ君は「なるほど。わかりました」とうなずきました。

フェアウェルパーティが始まりました。歌や踊り、日本のおもちゃの紹介などさまざまな出し物がなされる中で、Ｋ君の番がやってきます。かつて広島を襲った惨事について語り、美しく緑に満ちた今の広島の姿に触れた後で彼は、「現在日米両国の関係がいいからこそ、こうしてアメリカの地で素晴らしいステイをすることができた。これからもお互いより理解し合って、ともに平和を築いていきましょう。どうもありがとうございました」と締めくくりました。彼が故郷から持参した何枚かの美しい絵葉書が、その言葉に花を添えていました。

スピーチに耳を傾けるホストファミリーの真剣なまなざしを見ながら、私は胸を打たれていました。とりわけ年配の方々は、誰もが皆じっと目を閉じて、あるいはうつむいて、K君のスピーチに耳を傾けていたと思います。滞在中、プログラムの一環として、生徒たちと老人ホームを訪問したことを思い出しました。そうです、この方々もまた、戦争の時代を生きてきたのです。60年の時を経て、日本の青年とアメリカの老人たちとが静かに、暮れかけた空の下で向かい合っていました。


スピーチを終え、当初K君は少しがっかりしていたようです。「やっぱり雰囲気をしぼませてしまっただろうか」と。

私は、「そんなことはない。君は本当に大切なことをしたと思うよ」と言ったのですが、そう言われてもどこか引っかかるものがあるようでした。けれども、パーティが終わる頃、一人の年配の男性が彼のところまで来て言葉をかけてくれたといいます。「広島のこと、伝えてくれてありがとう。今の広島が美しい街だと聞いてとても安心したよ。ありがとう」

そう報告しながら、K君はとても嬉しそうでした。

今回紹介するのは、アメリカを舞台にした一冊です。著者は日本の高校でうまくいかず、英語もできないままアメリカに渡りました。ニューメキシコ州の中で貧しい人々が多いといわれる先住民居留地でのさまざまな体験を経て、猛勉強の末、UCバークレー校に入学。自分で人生を切り開いていくって、大変だけど実におもしろいものです。読むと著者の原動力ともなった「渇き」が伝わってきます。

皆さん、勇気を出して、今の自分を包んでいる心地よい「透明なマユ」の外へと飛び出してください。そして、言葉を大切に使うことを通して、そこで出会った人たちと自分との間に橋を架けようとしてみてください。きっと、これからの自分を支えてくれるような経験ができると思います。

（*July 2013*）

## 67『アフリカによろり旅』 青山 潤

私は学生時代、言語学を専攻していました。ネイティブ・アメリカンであるストーニー族の言語がテーマです。長期休暇のたびに単身カナダに赴いては、ストーニー族の一家に居候させてもらいながら、テープレコーダー片手にストーニー語を学ぶ日々でした。そんな旅の中で、現在に通じるさまざまなことを経験し学んでいくことができました。

「研究のための旅」(フィールドワークといいます)に身をおいている大学院生は、おそらく多くのことを思い、迷います。今ここでなしていることの社会的な意義は何か。自らの研究者としての資質はどうか。就職しなくていいのか。経済的に大丈夫なのか。

フィールドワークを通して自分自身が成長している実感はあっても、「自分の成長」だけしかないのではただの自己満足です。余計なことは考えず研究に集中しようと思っても、さまざまなハプニングが起こり、思うような成果が上がらず、時間だけが過ぎていく(気がする)のが若き日のフィールドワークなのかもしれません。

では、そんな若き日のフィールドワークを遂行し、結果を出すために必要なものは何でしょう。私は以下の条件を考えます。

①「自分がかかわっている研究はいずれ必ず人のために役立つ」という強い信念。

②「自分は絶対に研究者になるのだ」という強い想い。同時に、あせらず地道に研究を続けられる忍耐。

③行く先々で生じるさまざまな困難を楽しむことのできる冒険心。

④フィールドワークで得た素材をきちんと研究結果につなげることのできる、学問上の方法論(技

術・理論ともに）を身につけていること。

結論からいうと、私は修士課程修了までの段階で研究の道を降りてしまいました。博士課程に進む上で自分に足りなかったものは、②と④であったような気がします。

さて、東京大学海洋研究所でウナギの生態を研究している著者は、研究者として立派にフィールドワークを敢行していきます。旅の舞台はアフリカ。幻のウナギ「ラビアータ」を採集するために、マラウイ、ジンバブエそしてモザンビークを駆け回ります。ほとんど情報がない中、時に命をかけての悪戦苦闘です。そしてついに、「ラビアータ」を捕獲して日本に帰ってくるのですが、必ずしもそれで大団円ではありません。経験豊富なバックパッカーも読めばびっくりするような野生に満ちたアフリカの旅も、終わりなき研究という側面から見れば「地道な一歩」に過ぎないのですね。そんな事情もあって、すでに限界まで努力したにもかかわらず、著者はこの波乱に満ちたアフリカの旅をどこで幕引きにすればいいのか、大いに悩んでいます。

紀行文として全編を通しておもしろおかしく書いてありますが、私には、それぞれの場面で生じる悩みに対して、著者がどんな答えを出しながら旅を進めていったのかが大変興味深かったです。この屈強な著者とて悩みながら、それでも必死に旅を続け、成果につなげていったことがわかります。

本書を読んで強く感じること、それは、どんな時でも、知的好奇心は心の栄養になるということです。苦しいときに前へと進むエネルギーをくれるのです。
将来研究者になることを視野に入れている人は、ぜひ読んでみてください。元気をもらえます。

（December 2010）

## 68 『滅びゆくことばを追って――インディアン文化への挽歌』 青木 晴夫

大学2年、19歳の夏。カナディアン・ロッキーを、ネイティブ・アメリカン（ストーニー族）のジョージナの案内で10日間歩いたことがあります。テントも食料も全てかついで、総勢10名ほどでロッキーの奥深くへと分け入りました。ゴーストリバーという川に沿って歩いたのですが、本来人が立ち入るエリアではないので、およそ人工物と呼べるものはなにもありません。のどが渇けば川の水を口に含み、噛みついてくるアブたちと戦い、道なき道の上に残された数々のクマの痕跡に興奮し、夜は毎晩焚き火を囲みました。

日本人は私一人。つたない英語で、自分の想いを伝えようと一生懸命だったと思います。見上げれば満点の星。ひと晩だけ、薄くオーロラが出ました。内陸部なので、夏とはいえ夜は寒いです。寝袋にくるまってなお、ふるえながら眠りました。朝、ふっと太陽の光が差し込み、ぽかぽかと、テント越しの日差しで足先に体温が戻ってきます。そんな日々が、10日間続きました。

最終日、ジョージナが言いました。

「後ろを見なさい」

振り向けば、ロッキーの岩肌がそびえたっています。この10日間、歩いてきた道です。ジョージナは続けました。

「これから私たちは山を降りるけれども、私たちの魂（spirit）はまだこの山々の上空を飛びまわっています。魂をここに残して、肉体だけで戻ればきっと怪我をするでしょう。魂も一緒に連れて帰らなければなりません。目を閉じて1分間、ここで過ごした10日間の日々をかみしめてごらん。そして山に向かって大声で自分の名前を叫びなさい。それから、前を見て歩いて行くのです。そのあとは二度と、後ろを振り返ってはいけませんよ」

言われた通り目をつぶり、10日間の思い出を振り返ります。旅のきっかけは、星野道夫さんの本でした。星野さんが本の中で慈しむように繰り返し語った、ネイティブ・アメリカンの世界観に触れてみたかったのです。ロッキーに来て、ストーニー語で語られるストーニー族の本物の神話を実際に聞くことができたなんて、考えてみたらすごいことです。電気のない夜が持つ、不思議な力。野生の気配、一緒に歩いた仲間たち。独り日本から来た私を、常に気遣ってはいろいろな話を聞かせてくれました。思い切ってここまで来て本当に良かった。

私は叫びました。

「アキラー‼」

振り向いて先へ歩き出した時、後ろのほうで確かに、“spirit”（魂）なるものの存在を感じることができたような気がします。


さて、この旅から2年を経て、私は再びカナディアン・ロッキーに向かうことになります。今度は言語学を専攻する学生として、あの日耳にしたストーニー語を学ぶために、私はジョージナのもとを訪れたのでした。


「ネイティブ・アメリカンの言語を学ぶ」とはどういうことなのでしょうか。

趣味でなく、学問としてそれをしようとすれば、相応の言語学的な訓練と根気が必要です。どのような音を持つ言語なのか。音変化の法則や文法体系はどうか。親族の呼称はどうなっているのか。このようなことを、母語話者とのやりとりで得られる音声資料に基づいて分析していくのは並大抵のことではありません。加えて、その言語を話せる人と長期に渡る信頼関係を築けなければ調査はできないわけですから、相手の気持ちを尊重しつつこちらの要求もきちんと伝えられるコミュニケーション力も必須です。

今回紹介する『滅びゆくことばを追って』は、フィールドワークを伴うネイティブ・アメリカンの言語研究の様子を、臨場感あふれる描写で具体的に教えてくれる古典的名著です。
記述の中心は、ネズパース語の研究をするために著者がアメリカのアイダホ州で過ごした1960年夏の思い出。言語学的な知識を豊富に持ち、調査に必要な技能を備えていることが、研究を進める上で欠かせない条件であることがよくわかります。ここでいう技能とは、日本語にない音を音声学的に把握し、自分でも発音できることなどを指します。

それでは、この本の一番の読みどころはどこでしょうか。
言語学的な考察も実にスリリングでおもしろいです。しかしそれ以上に、困難をユーモアで包んで飄々と語れる著者の柔らかさと、だからこそ可能になったのであろう現地の人たちとの心温まる交流の様子に、私は心を惹かれました。そして、60年前の実地調査の記録の中に、現代を先取りするかのような普遍的な問題提起が多々含まれている点も、私には大変読みごたえがありました。

*(April 2011)*

## 69『カラー版 パタゴニアを行く―― 世界でもっとも美しい大地』野村 哲也

カナダで、ジョージナ一家とともに過ごした日々のことを、今でも思い出します。ジョージナはストーニー（ナコダ）族と呼ばれるネイティブ・アメリカンです。ずっと昔から、カナディアン・ロッキーのふもとで、その自然とともに生きてきた人たち。学生時代、私は言語学を専攻する学生として、彼らの言語であるストーニー語を学ぶために、毎年春と夏はカナダに滞在し、ジョージナ一家にお世話になっていました。

初めてジョージナ一家と過ごした22歳の夏はとりわけ思い出深いです。「あなた方の言語を学びたい」といって日本からやってきた私を、彼らは温かく迎えてくれました。ジョージナ、夫のルー、そして生まれたばかりのカイティーン。

滞在を始めるにあたり、焚き火を囲んでジョージナはこう言いました。

「いい、アキラ。何かを始めるというのは、この火の中に石を投げ入れるようなもの。ひとたび石を火の中に入れたなら、もう取り出すことはできないでしょう。もし、簡単に取り出すことができてしまうような石なら、それは本当に何かを始めたことにはならないのです」

それから約2か月、ジョージナたちと生活をともにしました。ジョージナたちは本当に親身に接してくれましたが、「言語調査」に関しては何をどうしたものかわからず、自分の知識不足や技能不足も身にしみて不安でいっぱいになっていました。

夏も終わろうとする頃のこと、帰国の日が近づいていました。私はどこか寂しそうに見えたのでしょうか、ジョージナとルーが言いました。

「アキラ、山へ行こう」

山道を車でしばし走り、いつしか私たちは山の中のぽっかりと開けた空間に立っていました。

「ここは私たちストーニーにとってとても大切な場所なの」と、ジョージナが言います。「ハクトウワシの羽根を探しましょう」

それからしばらく、私たちは夕闇迫る野原を漂いました。最初に羽根を見つけたのはルーです。「あったぞ」。彼は笑いながら、その羽根を拾いました。

「少し歩きましょう」

ジョージナが言い、私たちは獣道に沿って斜面を登りました。しばらく登ると森が途切れ、視界が開けました。大きな岩の上でした。眼下には、さっきまでハクトウワシの羽根を探した野原が広がっています。ジョージナが言いました。

「アキラ、どうしたの？　寂しそうに見えるよ」

「……」

私は黙っていました。どう答えてよいかわからなかったのです。教科書も資料もない言語を、人間を通して学んでいくという道の果てしなさが怖かったのかもしれません。覚悟を持ってストーニーのコミュニティに入れてもらったはずでしたが、思い切って火の中に飛び込んでみたはずの私という石は、いとも簡単に取り出せてしまいそうな気がしました。

ジョージナは言います。

「アキラ、日本が恋しいかい?」

しばしの沈黙の後、私は「yes」と答えました。

ゆっくりうなずいてから、ジョージナは続けました。

「それでいい、それでいいんだよ。アキラ、あなたは日本で生まれ日本で育ったんだから。もしあなたが日本のことを忘れてしまい、これからもカナダで暮らしたいと言ったら、私たちはむしろあなたを軽蔑するでしょう。人は、自分がどこから来たのかを決して忘れてはいけない。自分が生まれ育った場所のことを思い続けていなければいけない。この夏、あなたはよくやった。あなたにはもう一つ故郷ができたの。帰りたくなったらいつでも日本に帰っていいんだよ。そしてこっちが恋しくなったら、またいつでも戻っていらっしゃい」

夕闇せまるロッキーの山中で聞いたこの言葉は、ゆっくりと私の心にしみました。

翌日、カナディアン・ロッキーのふもとには初雪が舞いました。

たった一人で、世界の奥深くへと分け入っていく旅。心のアンテナの感度を最大にして精一杯歩いた果てに、なにげない言葉にたどり着くことがあります。シンプルなその言葉はgiftのように心に響き、それを聞いた人のその後の人生に、深いところで影響を与えていくのかもしれません。

今回紹介する本の舞台・パタゴニアは、南米大陸南緯40度以南の広大な地です。著者にとって、そこは「世界で最も美しい場所」。

著者が初めてパタゴニアを訪れた時、南米最南端の島で出逢ったのは「ヤーガン族」最後の末裔でした。最終章にはその時の思い出が綴られています。来年80歳（当時）を迎えるというウルスラは、例えば著者にこう語りかけたそうです。

生きるというのは、光と闇の間を歩いていくようなもの。大切なのは、心の声にいつも敏感でいること、自然を敬うこと、そして周りの事象の意味を常に考えること。たとえ今は分からなくても、考え抜けば、必ず何かが浮かんでくるのよ。

この時の思い出を糧に、著者はパタゴニアの人と自然を〝旅する〟ようになったといいます。

旅の中で出会う言葉。直接的な言葉の意味以上に大切なのは、その言葉にたどり着くまでに過ごした、かけがえのない時間そのものなのだと思います。その時間をこそ、旅と呼びたい。

著者がパタゴニアで過ごした時間の豊かさが伝わる一冊でした。

（February 2012）

## 70『嘘つきアーニャの真っ赤な真実』米原 万里

ロシア語の同時通訳者、エッセイスト、ノンフィクション作家、小説家として縦横無尽に活躍された本書の著者・米原万里さんは、1960年1月から1964年10月までの約5年間、チェコのプラハにあるソビエト学校に通っていました。お父さんが「平和と社会主義の諸問題」という国際共産主義運動の理論誌の編集局に派遣されていたために、そのような稀有な少女時代を過ごすことになったそうです。

その5年間の体験をベースに書かれた本書の全体は、相互に浸透し合いながらも色合いの異なる、3編の独立したストーリーで組み立てられています。それぞれ、「リッツァの夢見た青空」「嘘つきアーニャの真っ赤な真実」「白い都のヤスミンカ」というタイトル。リッツァ、アーニャ、ヤスミンカという、ソビエト学校で著者が出会った3人の友人に焦点を当てて、各ストーリーは展開します。

3人は出身国が異なります。リッツァはギリシャ、アーニャはルーマニア、そしてヤスミンカはユーゴスラビア連邦（当時）。当然、背負っている歴史も、物事の捉え方や考え方も、その後の人生の道行きもまるで異なる3人です。しかし、著者にとっては誰もが、在プラハ・ソビエト学校での日々をともに歩んだかけがえのない友人なのですね。その一点で、著者を含めた4人は確かに共通の土俵に立っていました。

3つのストーリーには構成上、以下のような共通点があるようです。

①ソビエト学校時代に、著者がそれぞれの友人をどのように見つめ、どのような交流をしていたのかを物語る豊富なエピソード。

②著者の帰国によって離れ離れになってしまったのちに、相互に交わし合った手紙。しかし日本での生活の中で、そんな友人たちの記憶は少しずつ薄れていってしまいます。

③やがて転機が訪れます。「プラハの春」とそれに対するワルシャワ条約機構軍のチェコ占領など、冷戦時の現代史を形作ってきた数々の出来事を契機とし、友人の安否を気遣う著者はそれぞれに再会を試みるのです。

過去の記憶と残された数少ない手がかりをもとに、著者が友人の所在地を探りあてていく。その過程は、実にスリリングでおもしろいです。そして、

④念願の再会。

友人に対して著者が抱く思いのストレートさは、国籍など関係なく、かけがえのない友人同士とし

てお互いに過ごした過去があるからこそのものでしょう。「再会できてよかった」だけで済ませることのできない著者の胸の内は、時に辛辣で、ユーモラスで、愛があって、悲しみがあります。そしてそれを綴る文章は、感傷とは無縁の名文です。

本書を読むことを通して、私は「人間を見る目」について学び、東欧（中欧）の現代史についても学び、東欧への旅心を刺激されました。何かもう一つ、英語以外の言語を自由に操れるようになりたいとも思いました。

何より印象に残ったのは、友人と再会したいと願う著者の「想いの強さ」です。

（*February 2013*）

## 71『すてきな地球の果て』田邊 優貴子

北と南それぞれの極地における夢みたいな光景と、そこで過ごす時間のきらめきが閉じ込められている本です。流れるように読みやすい文章。ダイナミックだったり、かわいらしい生き物たちへの愛にあふれていたりする写真。一日の仕事を終え、ゆっくり風呂に入ってから眠りに就くまでの幸せなひと時には、この本を読む自信がありません。読んでいくうちに、旅に出たくてうずうずしてくるからです。うらやましい本です。

この本の著者・田邊優貴子さん（1978年生まれ）と私（1979年生まれ）は、学生時代において多くの共通する経験をしていることがわかりました。京都で学びました。アラスカに憧れ、実際にバックパックを背負ってアラスカを旅しました。京都に暮らした日々も5年ほど重なっていますから、もしかしたら一度くらい、街のどこかですれ違ったこともあったのかもしれません。そんな著者のプロフィールを、著者のホームページの文言を拝借して記すと以下のようになります。「大学4年生のとき、極北の大地への想いが高じて大学を休学。真冬のアラスカを訪れ、ブルックス山脈麓のエスキモーの村で過ごす。それ以後もアラスカを訪れ、極北の大地に完全に心を奪われたのがきっかけとなり、極地をフィールドにした生物学者に」

極北（そして南極）へとつながる道を、折れずに歩きとおした青春がまぶしいです。「研究を継続し、そして研究者として認められていく」というプロセスは、決して楽な道ではありません。田邊さんが今、「すてきな地球の果て」の風景やそこに吹く風を、自らの五感を通して感じることができるのも、極北への想いを胸に研究者としての真摯な努力を積み上げてこられたからこそだと思います。

今いる場所を肯定し、自分がどうしてここにいるのかを納得できて初めて、人はそこに咲く花やそこに吹く風に気付くことができるのではないか。そんなことを考えることがあります。

どんなに驚きに満ちた場所へ行ったとしても、それを受け止める心がなければ、その美しさに気づけません。「地球の果て」は、誰にとっても「すてきな」場所であるわけではなく、強い意志で幾多の困難を乗り越えて極地までたどり着き、驚きや喜びに満ちた肯定のまなざしでその地を見つめる著者が表現して初めて、「すてきな地球の果て」になりうるのでしょう。

私の「地球の果て」への憧れは募るばかりです。これこそが本の力だといえるでしょう。

(*February 2014*)

## 72『インパラの朝――ユーラシア・アフリカ大陸684日』中村 安希

一冊の文庫本の中に、この世界が放つ清らかな輝きが無数に刻まれています。著者は、2年間に渡ってユーラシア・アフリカ大陸を旅した、私と同じ歳の女性です。傷つくことを恐れずにこの世界に立ち向かっていける強さと、状況に応じて確実に自分の安全を確保できる冷静さを持ち合わせていることを強く感じました。だからこそ行く先々で、現地に暮らす人々の中へ戦略的に埋もれていくことができるのでしょう。類いまれな旅人だと思います。

そんな彼女が旅の中で試みたことは、自らの意識をできるだけ透明にすることだったのではないか。私は本書をそう読みました。何かを得ようとがつがつするのでもなく、何かを守ろうとかたくなになるのでもない。そのままの自分をただこの世界に委ねて旅をすること。そして、世界に身を委ねた結果として自らの心と身体が感覚したものを、的確に言語化していくこと。前者を可能にするのは凛とした勇気であり、後者を実現するのは緻密な知性です。今日もこの世界のどこかで暮らしている人たちが放ついくつもの輝きは、その二つを兼ね備えた著者により、発見され、表現され、一冊の本の中に散りばめられたといえるでしょう。静かな筆致で世界の深淵を垣間見させてくれる、素晴らしい紀行文だと思います。

時間をかけて、ここに記された話の一つひとつを味わってほしいと願います。問題と偏見に満ちているかに見えるこの世界を、曇りのない目で見つめていくことの困難さと重要性について。そしてそんな世界と自分自身とをどのように関係付けていくべきなのかについて。じっくり味わうほどに、さまざまなことを感じさせてくれるでしょう。

知的な文章は、同時に詩的でもあります。タイトルになった「インパラの朝」に象徴されるモチーフは、この長大な紀行文の中に2度出てきます。1度目は、ケニアで疲れ果て、束の間の安息を求めて参加したゲームサファリのツアーでのこと。誰かに追われることもなく、何かを追いかけることもなく、静かにそこに立つインパラの存在が、著者に迫った朝があります。「インパラの濡れた美しい目は、周囲の全てを吸収し、同時に遠い世界を見据え、遥か彼方を見渡していた」と著者は書きます。

それから長い旅を経て、著者がそれと同質と感じる光景を再び目にしたのは、モーリタニアのサハラ砂漠でした。空気をかき乱すことも、周囲から際立つこともなく、だからといって自然の中で存在感を失うこともなく、静かに砂漠で祈りを捧げ続ける男。冷たく清められた空気に包まれた、砂漠の朝のその風景を見て、著者の脳裏にはあの日見たインパラがありありと甦ったのです。

インパラと男をつなぐ共通項とは何だったのでしょうか。著者がそれぞれの風景を目にしたその瞬間、インパラも男も、およそありとあらゆる思考を排して、ただあるがままに、言葉を換えれば、他の何にも乱されることのない、それ自体で充実しきった存在として、この世界内に在りました。

そんな存在に触発されて、その時瞳に映じている風景の全てが澄み渡ることがある。そのような存在のありようは、著者が近づこうと願う旅のスタイルや世界の見方に、どこかでつながっていくのでしょう。

本を読むことは、知識を得ることであるとともに、ものの見方を学ぶことでもあります。一冊の本を読んだことで、世界を見る目が少しだけ、でも確実に変わり、それによってそれまでより少し人生が豊かになるということが、確かにあると思います。

『インパラの朝』は、私にとって、そういう読書体験でした。


(*March 2013*)

Traveling

# 旅をする

# 2

Japan × Reminiscence

日本×追憶

日本の自然は場所に応じてさまざまに異なり、営まれてきた人々の暮らしもまた多様です。

私は、そんな日本を自転車で旅するのが好きです。気になった場所にふらりと立ち寄りながら、自分のペースで進めていく旅の楽しさ。好奇心に身を委ね、住み慣れた世界から一歩踏み出すことが、いかに自分を自由にしてくれるのか。そして自分の力で旅を進めていくことが、どれほど多くの知恵を授けてくれるのか。旅の思い出とともに、生徒たちにも我が娘にも伝えていけたら、幸せです。

## 73 『統《す》ばる島《しま》』 池上永一

旅の記憶があまりにも輝いているせいか、八重山諸島を思うだけで胸が躍ります。ある夏は石垣島から竹富島、そして小浜島へ。その翌年は、波照間島から西表島を旅しました。波照間の断崖に砕け散る波の飛沫や、ニシ浜をずっと泳いでサンゴ礁が尽き突然深くなる海の碧さ。やぎ座流星群とみずがめ座流星群が極大を迎えたその夜の星空。西表島の森の中を目指し、カヤックで川をさかのぼっていくときめき。密生するマングローブの林はいつしか地上の密林へとつながっていきます。舟浮湾でスノーケリングした時なんて、あまりのサンゴ礁の見事さに我を忘れたほど。喜び勇んで潜っていったら目の前にウミヘビが出てきたのには驚きました。夏のひと時、ほんのつかの間滞在した旅人にすぎませんが、八重山の自然に包まれて過ごした時間が私の脳裏に刻んだ風景は、日々の暮らしの中で私にいつも力をくれます。

時間に追われ、ふと疲れてしまった時、無性に池上永一さんの小説を読みたくなることがあります。ページをめくれば、八重山諸島の海が、星空が、そして見えないものを当たり前に信じていられる島の人たちの、おおらかで優しくて愉快な心の世界が広がるからだと思います。

今回紹介する『統ばる島』も、八重山諸島を舞台にした小説集。「竹富島《タキドゥン》」「波照間島《パティローマ》」「小浜島《クモー》」「新城島《パナリ》」「西表島《イリウムティ》」「黒島《フスマ》」「与那国島《ドゥナン》」「石垣島《イシャナギゥ》」。各島の名前はそのまま、収められた短編のタイトルとなり舞台となります。各島の風土に合わせた、全く趣の違う小説たち。現代を生きる若者が主人公の話もあれば、昔々のジュゴンと人間の恋を描いた話もあり、ホラー小説を思わせるような話もあります。七つの離島で縦横無尽に繰り広げられる小説世界への旅を楽しみ、最後に石垣島にたどり着いたとき、読者は気づきます。全ての話は繋《つな》がっていたことに。八重山の島々は、石垣島を中心として、互いに繋がり合って生きているのです。

　もしかすると、『統ばる島』と題されたこの小説集のテーマは、「繋がり」であり「絆」なのかもしれません。「統ばる」とは「集まって一つになる」こと。八重山で群星《ムリブシィ》と呼ばれるプレアデス星団は、八重山諸島を象徴する星座でもあります。孤独な宇宙で互いに繋がる星座のように、絆を求め、人は繋がる。繋がりを求めて人は生き、繋がることで互いに生かし合うのでしょう。人と人が繋がり、家族と家族が繋がり、人と神が繋がり、神と神が繋がり、島と島が繋がり。

　一年に一度、八重山諸島の神々が、親島である石垣島に戻って近況を伝え合う夜があるといいます。場所は川平湾の先端にある群星御獄《ムリブシイウタキ》。家族で楽しそうに語らう神様たちの、うっとりするほど美しい光の祭典。お互いを大切に思い、再会を心待ちにする気持ちがあれば、離れていても家族の絆が変わることはないのでしょう。

(*December 2011*)

## 74『しれとこライブラリー3　知床のほ乳類Ⅱ』斜里町立知床博物館（編）

２０１１年7月、知床連山の最高峰・羅臼岳に登りました。

登山道にかけられたしめ縄を厳かにくぐって登り始めると、いきなり森が深い。クマがいる山です。九州の山にはない緊張感が漂います。クマよけの鈴を鳴らしながら登るも、それだけでは心細いです。クマにこちらの存在を知らせるため、「おっおー」と声を出しながら歩きました。クマ対策で最も大切なのは、「会わないこと」。積極的に人間の存在を知らせてやれば、普通はクマのほうから人間を避けてくれるといいます。大沢を登り、羅臼平（最後の登りに取り掛かる手前の鞍部）へ出た時はほっとしました。羅臼平から山頂までは、溶岩ドームにへばりつくように急な斜面の岩登りです。折り重なる岩を一歩一歩踏みしめながら登ります。もう山頂は見えているのに遠い……一歩、また一歩。最後に台形状の岩塊を横から巻き上がるような感じで登りきり、登頂しました。

帰り道、クマの足跡を見つけました。その横のぬかるみから強烈に獣のにおいがします。ついさっきまでクマがここにいた証しでしょうか。クマの存在を意識するだけで、五感が鋭敏になるようです。大きな声で歌（「森のくまさん」など）を歌いながら、森の中を下りました。夕刻、岩尾別の登山口に無事下山完了。充実感に満たされました。

翌日は知床五湖を歩きました。2011年から知床五湖はその利用のルールが大きく変わったそうです。ヒグマと遭遇する確率の高いこの時期は、専門的な訓練を受けたガイドによるツアーに参加しないと遊歩道を歩くことができません。ツアーの参加費は一律5000円。決して安くはないですが、ガイドツアーは素晴らしく、充分にその価値があると感じました。ガイドの方の説明は気取らず丁寧で、聞いていてとても心地よかったです。ツアーの終わりに、ガイドの方がおっしゃったのはこんなことでした。

「こういうシステムが始まったのは今年からです。私たちもこんな風に知床五湖の利用に制限をかけることがいいのかどうかよくわからない。でも、ここまで2時間ほど歩いてみていかがでしたか？全く我々以外の人に会わないという…。このシステムを始めるにあたって、私たちはさんざん議論しました。もう一度自分たちに問うてみたんですね。知床は観光地としてどういう方向に進みたいのか。団体客をウワーッと受け入れたいのか、個人のお客さんを大切にしたいのか。そして後者を選んだんです」

さて、2001年に書かれたこの本の著者は、長年レンジャーとして、知床におけるクマと人との間の不幸な事故を避けるための地道な努力を続けてこられました。ヒグマの危険についてあまりに無知な観光客への憤りも、時に描かれます。人間を恐れないクマを作り出し、「駆除」という最も悲しい結末にそのクマを追いやってしまうのは、餌づけなど一部観光客の非常識な行為だ、と。

本の中に、当時人とクマの遭遇が非常に多かった知床五湖の遊歩道利用についてのこんな提言を見つけました。

一方、地上で5つの湖を巡る元々の歩道は、不特定多数の人々が歩いていては、もうこれ以上の労力をかけて安全を保証していくことは難しい。ここでは1回あたりの立ち入りを少人数に制限し、ヒグマと出会ってもきちんと安全を確保できる高い技能と知識を身につけた専任のガイドの同行を義務づけるコースとすればよい。

つまり10年の時を経て、著者の提言は具体化されたのです。記念すべき年に知床五湖の遊歩道を歩くことができたというべきでしょう。

知床の野生を守ろうと必死に努力を続けてきた人々によって、海と陸が一体となった貴重な生態系は保たれてきたのだと思うと、ただただ頭が下がります。

「知床にクマがいる」。それだけで、鹿児島に戻った今も、豊かな気持ちになれる気がします。クマの生態に関する興味深いエピソードが満載の一冊です。

（*September 2011*）

# 75『故郷忘じがたく候』司馬 遼太郎

薩摩半島の北西に位置する日置市美山には、山里であるが海が近いことを感じさせる明るさが漂っています。車を使えば、鹿児島市街から30分ほど。

この地は、かつて苗代川と呼ばれていました。薩摩焼の里として今も全国にその名を知られています。初めてこの地を訪ねたとき、作家・司馬遼太郎氏は第十四代沈寿官《ちんじゅかん》氏からよほど強い印象を受けたに違いありません。帰ってからも、沈寿官氏の風貌と苗代川のたたずまいが脳裏に広がり、幻燈のように動いて、「どうにも日常の仕事にさしつかえるようにまでなった」といいます。これをしずめるため、やや気持ちの醇熟《こうじゅく》が足りないままに、気持ちの中から沸き立つ「あわつぶ」をすくい取るように書き始められたこの小説はやがて、第十四代沈寿官という生身の人間（司馬遼太郎の小説の主人公としては大変珍しい）の半生にぴたりと照準を合わせてゆくことになります。

小説の後半は、十四代沈寿官氏の半生におけるとりわけ印象的なエピソードで構成されています。黒千代香（黒ぢょか・作中では「茶家」と表記）を手に、焼酎を酌み交わしながら、作家は沈寿官氏の語りに耳を傾け、これらの話を聞いたのでしょう。司馬氏は沈寿官氏について、「薩摩人は客のために笑顔を吝《お》しまないといわれているが、沈寿官氏はその点いかにも隼人風である」として、「座談がとぎれても笑顔をやめず、とぎれることに話の継ぎ穂をさがすために大きな体を立ちあがらせては、部屋のすみから古い陶器をもってきて私に見せてくれた」と記しています。

「どうしても悲しめぬ性《たち》がごたる。そいどん、悲しかこつもごわした。」

終始笑顔を絶やさぬまま、沈氏は自らの半生を語ります。その沈氏の半生に通奏低音のように奏でられていた問いこそが、おそらくはこの小説のテーマであり、沈氏の半生がそのまま、これらの問いに対する強靭な考察となっているところに、この小説のおもしろみもあるのでしょう。

その問いとは、「血とはなにか」。「日本人とはなにか」。そして、「自分というものは何のために生きているのか」というものです。

一例だけ紹介します。沈家の伝統を継承し、守っていくだけの生き方に充足しきれない心情を持った沈氏は、思いを決し、父である第十三代に願い出たことがありました。「他の芸術家のような、今流行の展覧会作品を作りたい――」

十三代は、山脈《やまなみ》のたとえをもってこれに応えます。「この十数代は山脈のようなもので、その一人一人は山脈を起伏させる峰々のようなものだ。山容はみな異なる。その峰の一つになろうとするだけで、非常な生涯を送れるではないか――」

沈氏は不服でした。父に問う。「それではいったい――自分というものは何のために生きているのでしょう」

「息子を、ちゃわん屋にせいや」。十三代翁はひと言だけ言ったそうです。

美山にある玉山宮の台地の下の海に、沈氏の先祖が漂着してから370年。その間、個人にできることといえば、自らの運命を受け入れて、それぞれの時代を懸命に生きてゆくことだけでした。そうして人々が織りなす生の営みは、振り返れば連綿と続く山脈を築いています。山脈を貫く「血」とは何なのか。人間の運命を翻弄する「国」とは何なのか。そして、そういった抗えぬものの中で懸命にもがく、一人ひとりの人生とは。

そういう問いに身を委ねてみたくなります。

1996年のこと、高校2年生だった私は『故郷忘じがたく候』を読み、美山にある「壽官陶苑」を訪ねました。登り窯を見学していた時、向こうから青い作務衣（だったと記憶する）に身を包み、生気みなぎる人物が歩いて来られました。十四代沈寿官氏。すれ違った寿官氏のオーラに圧倒され、身がすくみ、私はかろうじて「こんにちは」と発することしかできませんでした。一瞬のうちに刻まれた強烈な印象をいまだに拭えません。

1999（平成11）年、十四代沈寿官氏の長男が十五代を襲名されました。十四代もご存命であり、昨年（2016年）美山の壽官窯を訪れた際には、その十四代沈寿官氏とお茶を飲みながらお話しすることができたのは、嬉しい思い出です。

(June 2017)

※2019年6月、十四代沈寿官氏は逝去なさいました。

## 76『日本のゴーギャン 田中一村伝』南日本新聞社（編）

画家・田中一村《たなかいっそん》の絵を初めて見たのは高校3年生の時。鹿児島県歴史資料センター黎明館で展覧会があることを知り、ふと思い立って行ってみたのでした。

アダン、ソテツ、ガジュマル（植物）。アカショウビン、オーストンオオアカゲラ、ルリカケス（鳥）。イセエビにミノカサゴ、熱帯魚のぬめっとした質感。絵の中に、奄美大島の生命が息づいていました。絵が放つ亜熱帯の気配に呑まれた私はその場を立ち去り難く、会期中にもう2回見に行ったことを覚えています。「いつか行ってみたい場所」として、奄美大島が意識の中に根づいたのはその時だったのでしょう。

あれから18年が過ぎました。

2016年の夏、岩手県大船渡市から北海道函館市までの自転車旅を終え、鹿児島に戻ったもののどうにも落ち着かなかった私は、自転車とともに船に乗って、今度は奄美大島を目指しました。鹿児島に暮らしていながら、奄美を訪れるのはこれが初めてのこと。

その旅の中で、奄美市笠利町にある田中一村記念美術館を訪れ、かつて黎明館で見た絵と18年ぶりの再会を果たしたのでした。一村が描いた奄美の自然は、見る者をとらえて離さぬ強烈な存在感を変わらずに放っていました。

才能に恵まれながら生前一度の個展を開くこともかなわず、世俗的な成功とはいっさい縁のないまま奄美に果てた画家、田中一村。鹿児島に戻り、彼の伝記といってよい本書『日本のゴーギャン 田中一村伝』を改めて読み直しました。

「私は絵をかくために生きているのです」と、一村は紬工場の同僚に話していたといいます。

いっさいの妥協を排し、この言葉通りに歩もうとすれば、こんなにも壮絶な人生とならざるを得ないのでしょうか。旅の最後に訪ねた、「一村終焉の地」を思い出しました。そこに残されていた田中一村最後の住居の、あまりの簡素さ。

誰にもおもねることなく、自分が心から描きたい絵を描くために、一村は生活を極限まで律した上で、渾身の力で画業に向き合いました。一村の絵に満ちるオーラと彼の生涯とは、不可分に結びついているのだと思います。

「この生涯あればこそ、あの奄美の作品群は生み出され得たのか」と、強く胸に迫るものがありました。

いつの日か奄美でその絵を直に鑑賞することと、セットにして読んでほしい本です。


(*September 2016*)

## 77『ディズニーランド　成功のDNA』ホリテーマサロン　テーマパーク研究会

夏休みに、久しぶりに東京ディズニーリゾートを訪れ二日間を過ごした私は、すっかり夢と魔法の世界に魅了されました。昔は三つの「マウンテン」の落下のスリルのみを過剰なまでに追い求めていましたが、今はむしろ、ショーやパレードやエリアごとに異なる「雰囲気」を好んで味わっていることに、自分自身の変化を感じます。傍らに妻がいたことも、たぶん影響しているのでしょう。

ミッキーマウスはブロードウェイの劇場で、バンドとともにドラムをたたいてその音楽的な才能を惜しげもなく披露しているし、ミニーマウスは踊りながら、メディテレーニアンハーバーを取り囲んだ観客に大量の水をぶちまけてはしゃいでいます。シンデレラ城を背景にしたプロジェクションマッピングの見事なこと。そんな物語いっぱいのエンターテインメントを眺めるのはとても楽しかったです。もちろん、かつてのようにアトラクションも楽しみました。ファストパスというシステムは便利ですね。「滞在時間の多くがアトラクションの待ち時間」という事態が劇的に改善されているのも驚きでした。

夢中で過ごす時間はあっという間に過ぎ、滞在最終日、閉演を告げる放送とともにゲートを出るときの寂しさといったらありません。両日とも朝8時から夜10時までパークで過ごし、十分すぎるほど遊んだはずなのに。まだまだここにいたい。ディズニーシーのゲート前にある大きな地球のオブジェの横を歩きながら、最後に乗った夜のゴンドラの余韻が、胸の中でゆらゆらと揺れていました。まるで子どもの頃に戻ったかのようでした。

ディズニーのテーマパークは「物語」に満ちています。ディズニーシーのケープコッドにある、「アーント・ペグズ・ヴィレッジストア」というお土産屋さん。その裏にある畑を見たことはありますか。きちんと手入れされ、オクラやトマトなどの夏野菜がたわわに実っています。この「現在進行形で手入れされている畑」は、物語を紡ぐ重要な仕掛けです。訪問者は、現実にはいるはずのないペグおばさんの気配をそこに感じ、イマジネーションを膨らませることができるのですから。ひと時、ゲストがそれぞれに物語を思い描く楽しみに身を委ねることができるよう、一年中この畑を管理しているスタッフがいるのですね。

本書を読むと、草創期から東京ディズニーランドにかかわってきた人たち（会社としては株式会社オリエンタルランド）が、どんなことを考え、どんな苦労をしながら夢と魔法の王国を浦安市舞浜の地に作り上げてきたのかを知ることができます。著者の「ホリテーマサロン　テーマパーク研究会」とは、「かつて堀貞一郎氏を招いて行われていた勉強会」のこと。メディア関係者が中心だったそうです。当の堀貞一郎氏は、東京ディズニーランドの総合プロデューサーを務めた方で、東京ディズニーランドの歴史に多大な功績を残したとのこと。最初から最後までおもしろい本でしたが、とりわけ印象深かったエピソードのさわりの部分を一つ紹介させてください。

日本にディズニーランドを誘致するため、堀氏をはじめとするオリエンタルランドの人々が各地を奔走していた当時、日本最大の企業グループの一つが、やはりディズニーランドの日本誘致を考えていたそうです。その候補地は富士山麓。当然こちらが有力株でした。しかし、アメリカから来日したディズニー本社の首脳陣は、「ついでに聞いて帰るか」程度の認識で臨んだはずの堀氏のプレゼンテーションを受け、即決即断でオリエンタルランドとの提携を了解したといいます。大逆転でした。いったいどんなプレゼンテーションだったのでしょう。そのエピソードを読むと、「なるほど、プレゼンテーションとはそういうふうにするものなのか！」と納得せずにいられません。

1950年代のアメリカでウォルト・ディズニーによって生み出された理念は、あたかもDNAのようにディズニーのテーマパークに脈々と受け継がれています。「人を幸せにする場所」。この理念が、テーマパークの創設・運営、また人材育成の中でどのように具現化されてきたのか。また、それがどれほど考え抜かれ徹底されているのか。そんなことがわかってとても興味深い一冊です。

いつの日か、ホテルミラコスタに泊まってみたいなぁと思います。

（*September 2014*）

## 78『坊っちゃん』夏目 漱石

夏休みに、松山の道後温泉を訪ねました。

夏目漱石の『坊っちゃん』と道後温泉は縁が深いです。漱石は1895年、28歳の時に松山市の旧制松山中学に英語教師として赴任しており、当時まだ新築だった道後温泉本館に、正岡子規や高浜虚子と連れ立って来ていたといいます。江戸っ子の「おれ」が、新任教師として松山の学校で過ごした顛末を語る『坊っちゃん』は、漱石自身の松山での体験をもとに書かれているといってよく、道後温泉本館はそれから100年以上の時を経ていまだに〝健在〟、往時の風情を今に伝えています。

道後温泉の湯につかり、涼を求めて外を歩くと、すぐそばに「坊っちゃん広場」なる場所がありました。観光客が記念撮影をするためのベンチが設えてあります。ベンチの後ろには、『坊っちゃん』に登場するキャラクターが、カーテンコールのように勢ぞろいしていました。坊っちゃんはもちろん、赤シャツ、山嵐、うらなり、マドンナ……が、はて、とふと思いました。『坊っちゃん』というのは、誰がどんなキャラクターで結局どんなストーリーだったっけ？

きわめてあやふやな記憶が悔しく、楽しかった旅の記念に、私は『坊っちゃん』を再び読むことにしたのでした。

そうして読んでみると、かつて読んだ時よりはるかにおもしろかったのです。たぶん、自分が教員になったことと無縁ではないでしょう。

私が『坊っちゃん』を初めて読んだのは中学生の時だったように思います。「親譲りの無鉄砲で子供の時から損ばかりしている」から始まる歯切れのよい語り口を最後まで読み通したことは確かなのですが、何やらよくわからぬまま、読むだけは最後まで読んだ、という感じです。今思えばそれも仕方ないのかもしれません。その時の私には「新任教師の心のうち」やら、「坊っちゃんが抱いた赤シャツへの憤怒の本質」はわかりませんでした。

大人になって『坊っちゃん』を読んだら、共感できるポイントが増えていました。「おれ」が初めて教壇に立って授業をした日の描写など、笑ってしまいます。

最初のうちは、生徒も煙に捲かれてぼんやりしていたから、それ見ろとますます得意になって、べらんめい調を用いてたら、一番前の列の真ん中に居た、一番強そうな奴が、いきなり起立して先生と云う。そら来たと思いながら、何だと聞いたら、「あまり早くて分からんけれ、もちっと、ゆるゆるやって、おくれんかな、もし」と云った。おくれんかな、もし、は生ぬるい言葉だ。

この気負い、わかるなぁ。

ついに最後まで自分の名前を明かさないまま、「おれ」は読者へ語りかけ続けます。読者は、「おれ」が語る話に引き込まれるように坊っちゃんの回想を楽しむのです。

さて、これを物語っている「おれ」は、現在何歳なのでしょうか。語られているのは、「おれ」が23歳の時の出来事です。そうはっきり作中に書いてあります。しかし、「おれ」が当時を回想し語っている「現在」は、松山を去ってからはるかにのちのことのように思われる。若い頃、何もわからず突っ走った日々が実は幸せだったことに、遠ざかって気づかされ、語らずにはいられなくなるということは、誰にでもありうること。私は読みながら、初めて教壇に立った24歳の頃を思い出していました。

ちなみに、『坊っちゃん』を世に問うたのは、漱石39歳の時です。

2学期が始まり、夏休み中の生活記録を読んでいたら、こんな記述がありました。「読書感想文を書こうと『坊っちゃん』を読み進めたが、書ける気がせず『走れメロス』に本を変えた」と。その気持ち、わからないでもないのです。初めて『坊っちゃん』を読んでから四半世紀を経て、私もようやく『坊っちゃん』を味わえた気分でいるのですから。それでいいではないですか。お互い人生とともに、何度でも名作を味わい続けましょう。

(*October 2016*)

## 79『女の一生――二部　サチ子の場合』遠藤 周作

冬休みに、長崎を旅しました。ふと思い立ち、気持ちのままに長崎に向かいました。

根底にあったのは、私自身のキリスト教に対する関心です。

ラ・サール学園の母体は「ラ・サール会（キリスト教学校修士会）」という修道会です。しかし、日常の学校生活において宗教が前面に出てくる機会はあまりありません。

私は、中学高校とラ・サール学園で過ごし、今こうして母校で教壇に立っているにもかかわらず、キリスト教について努めて理解しようともしないままここまで来てしまいました。

キリスト教徒ではない私が、それでも「キリスト教について学びたい」と思うようになったのは、校長先生の存在も大きかったかもしれません。先生は、どんな思いでブラザーになられたのか。日本に来られて、鹿児島ラ・サールで校長となった今、どんな学校を作りたいと考えておられるのか。そんなことが、自分にとって身近なテーマとして意識されてきたのです。私は、ブラザー（修道士）がこの学校の中心にいてくださることをありがたいと感じ、その生き方について、きちんと知りたいと思いました。その関心が入り口となって、キリスト教についてたくさんの本を読んだのです。

読むほどに、自分がいかにキリスト教について無知だったのかを痛感し、それまでに抱いていたキリスト教や聖書、イエス・キリストに対するイメージは確実に変わっていきました。

そんな一年の締めくくりに、「長崎への旅」を思いついたのは必然だったのかもしれません。長崎は、日本で最もキリスト教との縁が深い街であるといっていいでしょう。

年末の冷気の中、オランダ坂を上り、東山手から南山手へと居留地を歩きました。長崎に着いた時には空一面厚い雲に覆われていましたが、やがてところどころに青空がのぞき始めました。祈念坂を下れば大浦天主堂。色彩の薄い冬の海と空を背景に、教会の尖塔と十字架が見えます。

長崎を歩くのは初めてではありません。しかし、キリスト教についての関心が深まったことで、教会の多いこの街の印象がこれまでとは違うように感じられます。教会に飾られた像や絵を見て、それぞれが表すものが何かわかれば、そこを訪れた喜びも増します。

勉強するということは、いつのときも、心のアンテナを鋭敏にしてくれるようです。

「十字架上のキリスト」と題された天主堂のステンドグラスを正面に、大浦天主堂の堂内でしばし過ごしました。「二十六聖人の殉教」、「最後の晩餐」、「ゴルゴタの丘」。祈りの空間に意味が宿ります。

しかし、この国宝の教会に秘められた歴史は、それにとどまるものではありません。長崎で立ち寄った書店で、私は遠藤周作氏の『女の一生』がまさにこの大浦天主堂を舞台とした小説であることを知ったのです。

「旅の思い出に」と買ったこの小説を読み終えて、私はその余韻に少しでも長く浸っていたいと願ったものです。「二部」のほうを先に読んだのですが、そこに描かれるのは、満州事変から第二次世界大戦を終えるまでの長崎です。その時代、日本中に軍国主義が吹き荒れていました。

キリスト教徒として、銃を取り戦場に立つことに対する葛藤を解決できぬまま、学徒出陣した修平。出撃前夜、彼はサチ子に2通の手紙をしたためています。その1通目の短い手紙がとりわけ胸を打ちました。

この小説に描かれた事態を、サチ子という「女の一生」から見れば、「時にそれぞれの人生を翻弄し、大切な人を容赦なく奪ってゆく国家のような巨大な力に、人はどう向き合いうるのか」という問いになるのでしょう。

私たちは、ただ祈ることしかできないのでしょうか。

そうではない、と思います。祈りを支えに、懸命に生きた人たちの姿が、そう教えてくれます。

作中、若い父親の身代わりとなり飢餓刑に処せられたコルベ神父は、アウシュヴィッツという愛のない世界に愛を作り出しました。そしてまた、修平もサチ子も、信仰を胸に自分の人生を真剣に生きたのです。

葛藤と犠牲を経て真実の愛に至るというあり方は、キリスト教の大きなテーマかもしれません。

作中において、大浦天主堂前の坂道を、キリスト教の信仰に照らされた愛と葛藤が行き交っていました。テーマの重層性と奥行きが見事です。

(*January 2017*)

## 80『わたし琵琶湖の漁師です』

戸田 直弘

琵琶湖には、たくさんの思い出があります。

私を初めて琵琶湖へと誘ってくれたのは、バイト先で知り合った、同じ大学に通う親友・タナベシでした。2年生後期を締めくくる試験を終え、長い休みに入ってしばらく経った早春の頃だったと記憶しています。

「まる、今度チャリで琵琶湖一周せえへん?」

「え、そんなことできるの!?」

「うん、200キロちょいやからがんばれば1日で漕ぎきれるけど、せっかくやしどこかで一泊して。どやろ」

当時私たちは京都市の中でもかなり東寄りに暮らしており、週末になると、京都市の中でも相当西寄りの嵯峨野にある湯豆腐屋さんまで、自転車で爆走してバイトに行くという日々を過ごしていました。車を所有するなど考えもしなかったあの頃の私たちにとって、自転車というのは唯一無二、絶対の移動手段であり、基本的にはどこへ行くにも自転車だったのです。私はいわゆるシティサイクル的な自転車では物足りなくて、3万円ほどするジャイアント社の自転車を買い（大学生にとっては結構な買い物でした）、「ヤックル」と名前をつけて毎日乗りまわしていました。しかし、「自転車で琵琶湖を一周しよう」など、それまで想像したこともありません。言われて初めて、そういうことも可能なのだということに考えがいたりました。自転車で長距離の旅に出る。なんとワクワクする話ではないですか。

「行く行く、ぜひ行く」

私は答え、話はまとまりました。

思えばあの頃は毎日が大学生的自由さに満ち溢れており、何か思い立ったらたちどころに動くことができたのです。幸せな日々でした。調べてみると、琵琶湖の北端に、菅浦という集落があります。大津から周り始めた場合、そのあたりが大体行程の半分です。菅浦の民宿で一泊して、二日かけて琵琶湖を一周する計画にしました。民宿に電話をし、予約を入れます。ほどなく、出発の日は来ました。

タナベシと早春の京都を漕ぎ出したときの高揚感を私は今でも覚えています。京都から大津までは、峠を越えて自転車で1時間半くらい。そこから、初めて自転車で走った琵琶湖一周200キロの道のりは、実にさまざまなことを教えてくれました。琵琶湖は、南と北ではまるで様相が異なります。都市から町へ、琵琶湖畔の集落のたたずまいも、湖の向こうに見える山々の風景も、水の透明感も、気候も、漕ぎ進むことでびっくりするくらい変わっていきます。自転車の旅では、そんなものの一つひとつを、気の向くままに寄り道しながらゆっくりと眺めることができました。海津大崎ではちょうど桜が咲いていて、車では入れない小道に競うように咲く桜を愛でることができたのは、今思えば本当に贅沢な時間だったと思います。菅浦の民宿で食べた牡丹鍋のおいしかったこと。私は琵琶湖北部の、のどかで、ゆったりと時間が流れていく感じにすっかり魅入られてしまいました。二日目は、長浜、彦根、近江八幡と順調に南下し、大津へ。最後に瀬田川を渡ってゴールしました（といっても京都までもう少し漕がなければなりませんでしたが）。ゴールした時、私の中には、自分の身体だけを頼りにものすごく豊かな二日間を過ごせたという、言いようのない満足感と達成感がありました。何事もやってみることです。

琵琶湖周遊の旅にすっかり魅せられた私とタナベシは、その後の3年間で、琵琶湖を自転車で4周し、さらに歩いて1周しました。琵琶湖は私に、人力で旅することの楽しさを教えてくれたといえるでしょう。自転車が、何にも代えがたい「旅の手段」であることに、私はこのとき気付いたのです。琵琶湖一周をきっかけとして、私は各地を自転車または徒歩で旅するようになりました。大学生活の締めくくりとして、最後には「日本百名山自転車紀行」へと漕ぎ出したことを思えば、私にとってはなんとも思い出深い、日本最大の湖・琵琶湖なのです。

そんな琵琶湖で、漁師として生きている方がおられます。20歳で琵琶湖の伝統漁法を受け継ぐ漁師となった、戸田直弘さん。今回紹介するこの本には、戸田さんの琵琶湖への思いがたくさん詰まっていました。戸田さんの見つめる琵琶湖は、旅人が通過しつつ眺める琵琶湖とは、当然のことながらその奥行きも深さもまるで違っています。琵琶湖がくれる日々の恵みに感謝し、琵琶湖が抱える外来魚の問題を憂いながらも決してあきらめず状況の改善に向け戦っている、戸田さんの言葉。

同じ日本に暮らしていながら、毎日の生活の中ではなかなか出会うことのできない世界が、実はたくさんあります。私の知らない世界は、どんな魅力に満ちているのか。そこで暮らす人たちは、どのような想いでどんなふうに生活を営んでいるのか。そこにはどんな問題があって、人々はどんなふうに物事を考え、解決に向けて何をしているのか。そういうことを少しでも知るために、私はこれからも旅をし、本を読みたいと思うのです。

（*March 2013*）

## 本を読むということは――卒業生から

数年前にラ・サール高校を卒業し、今は東京で大学に通っている、森隆太郎と申します。丸山先生には中高6年間、メインの英語の授業を受け持っていただきました。

丸山先生が僕たちの学年を担当されていた頃、先生方による読書案内は「読とるまんぼう」という名前の冊子でした。そこでは読書案内の形を借りながら、何が好きなのか、何を感じているのか、どんな時期を過ごしたことがあるのか、いろいろなエピソードが語られます。肝心の本に関しては、最後に「まあ、とりあえず読んでみてください」などと書かれているだけということも、しばしばありました。紹介された本に限らず、この冊子自体が先生方によるエッセイ集のようで好きでした。

中学の間だけ、僕たちの学年を受け持ってくださった体育の先生がいます。専門は体操で、大会でその先生しか成功させたことのない技を持っているほど、突き詰めている人でした。中学生の頃、その先生に森絵都の『カラフル』を紹介したことがあります。すると、先生も読んで面白いと思ってくださったようで、中学2年の7月号には、『カラフル』の紹介文が載っていました。

「例のごとく本の紹介ではなく、体操の話から始めます。」という一文から始まり、大学時代にお世話になった指導者のこと、自分の今の指導哲学のこと、教え子の試合を見て思ったこと、体操に関わる話がずっと続きます。僕が読んで面白いと思った小説は、その先生に全く別の形で読まれ、別のことを思い出させたのだなと感じます。一冊の本を読むと、その内容は自分が持つ固有の体験に引きつけられていき、いろいろなことが頭に浮かびます。そのように、頭に浮かぶこと、あるいはさらにそこから想像を広げることが、その人の個性だと思います。「読とるまんぼう」は先生方のたくさんの個性が込められた冊子でした。

改めて読んでみると、生徒による紹介文も載っていました。サッカー部で一緒だったある友達は、中学生にして、大学以降の数学の易しい導入本を紹介してくれていました。現実の僕は、つい最近になって本屋で立ち読みをして「意外と面白そうだしこの本は分かりやすそう！」と惹かれていたところです。彼に、数学同好会の活動が楽しいからサッカー部を辞めたいと相談されたことがありました。「考え直せよ」としつこく言ってしまったことを思い出して悔やまれます。

当時の僕には知らない世界がたくさんあったようです。今の僕もそうに違いないなと思います。

本を読むことは時に面倒ですし、誰かに読むよう言われて読むのはもっと大変に感じます。ですので、本を読むことが強制されるだけのものにならないことを願います。『カラフル』を読んで体操の話が始まったように、本を読むことはどうしたってごく個人的で自由なものです。また同時に、今思えば面白そうな本とその奥の世界に中学生の頃は気が付かなかったように、ふとしたきっかけで入り込んでいけるはずの本の入り口が僕たちの周りには溢れてもいます。そういう意味で、「読書を織り込みながら人生を編んでいく楽しさを少しでも伝えられたらいい」という控えめに呼び込むようなこの本のメッセージに、とても共感したところです。

（森　隆太郎）

## 追記――「旅をする本」というフレーズについて

本書で紹介した一冊、『すてきな地球の果て』の著者である田邊優貴子さんは、WEBマガジン「ポプラビーチ」での連載に、こんなエピソードを書いていらっしゃいます。

ある時、田邊さんのもとに小包が届きました。中に入っていたのは、これもやはり本書で紹介した、星野道夫さんの『旅をする木』。その文庫本を手に取った田邊さんは、しかし、ふと違和感を覚えたそうです。よく見てみると、タイトル文字にボールペンで1本だけ短い線が加えられ、『旅をする木』は『旅をする本』になっていたとのこと。こみあげる笑いとともに裏からページをめくれば、そこには4人の見知らぬ名前が記され、それぞれに異なる国名と日付が添えられていました。

このエピソードについて、ご興味をお持ちの方は、ぜひ以下のページをお読みください。

WEBマガジンポプラビーチ「すてきな地球の果て」第5回　旅をする本の物語（田邊優貴子）

http://www.poplarbeech.com/chikyunohate/007095.html

さて、田邊さんに託された『旅をする本』は、やがて彼女とともに2度南極を訪れ、その後も旅を続けます。サハリンを旅し、それからなんと、「単独無補給徒歩で北極点を目指す若者」によって北極点へと向かったのでした。このエピソードは、「星野道夫　没後20年〝旅をする本〟の物語」と題されたNHKのドキュメンタリー番組でも取り上げられました。

このようなエピソードを読むと、旅人であり、読書家であり、偉大なエッセイストでもあった星野道夫さんのスピリットが、彼の作品を愛読する人たちによって形を与えられ、「旅をする本」という言葉が生まれることは必然のようにも感じます。そこには、旅や本を愛する人々のイマジネーションを刺激してやまない、不思議な力が宿っているようです。

「旅をする本」と名付けられたプロジェクトが進行中であることも、本書作成中に知りました。主催されているのは、島根県にある今井美術館。館長の今井大造様によると、2017年に同美術館で星野道夫さんの写真展を開催したことがきっかけとなり、星野さんの想いをファンの方や次世代の読者と共有するための一助として始められたとのことです。同タイトルのウェブサイトが用意されており、プロジェクト発足の経緯や概要を読むことができます。

「旅をする本」プロジェクト
https://tabiwosuruhon.com/

プロジェクトを通して、それぞれの『旅をする木』が、それを読み継ぐ読者とともに日本や世界へと旅を繋げていきます。サイトを拝見し、著者の想いが込められた本は、人から人へと、さまざまな形で旅をしていくのだと改めて思いました。星野道夫さんへの想いのあふれたプロジェクト「旅をする本」を、追記の形で紹介いたします。（掲載したURLはいずれも本書刊行時のものです）

# おわりに

最後までお読みくださいまして、ありがとうございました。
これまでも書いてきたとおり、本書のもとになっているのは、私が編集人となり、生徒たちに向けて発行している読書案内冊子「旅をする本」です。10年続けようと思って始めたわけではありませんでしたが、途中でやめようとも思えないままに発行を続け、気が付いたら10年経っていました。10年経ったところで、これまでの歩みを1冊の本にまとめておきたいと思った結果が本書です。

とはいえ、これまで書いてきたものを編集しなおして印刷すれば本になるなどという単純な話ではありません。毎月の読書案内冊子が書籍として形になるためには、多くの方のお力添えが不可欠でした。

エンガワスタジオの吉国明彦さんには、本書の企画段階から何度も相談に乗っていただきました。吉国さんがいらっしゃらなければ、この企画が前に進むことはなかったと思います。W.H.O Graphic Designの都築純さんは、私の希望を的確にくみ取り、本書全体を読みやすくワクワクするデザインに仕上げてくださいました。株式会社ラグーナ出版で本書を担当してくださった編集の方々は、原稿を丁寧にお読みくださり、細かい表現に至るまで的確なアドバイスをしてくださいました。株式会社ラグーナ出版・代表取締役会長の森越まや先生と同社長の川畑善博さんには、出版の機会をいただきました。この場を借りて、御礼申し上げます。本当にありがとうございました。

本書の企画を思いついたときから、鹿児島の出版社から出させていただけたらと願っていました。鹿児島で本の制作に関わっている皆さまとチームを組んで仕事ができ、本当に嬉しかったです。


『旅をする本』というタイトルで本書を作成するにあたり、星野道夫事務所の星野直子様、今井美術館の今井大造様に連絡を差し上げました。星野様は、「旅をする本」が本書のタイトルとなることを喜んでくださり、今井様は「旅をする本」を本書のタイトルとすることを快諾してくださいました。心より感謝申し上げます。

また、本文中にお名前を出させていただくことを快くお許しくださった皆さまにも、この場を借りまして、厚く御礼申し上げます。ありがとうございました。


日々楽しく教壇に立ち、読書案内を書き続けることができるのは、母校であり職場でもあるラ・サール学園のおかげです。ラ・サール学園の生徒の皆さん、どうもありがとう。65期生の森くんには、元生徒として文章を寄せていただきました。感謝いたします。

そして、教育活動は決して一人ではできません。至らない私を日々支えてくださるとともに、「旅をする本」の原稿をお願いするたびに、心のこもった文章を書いてくださる学園の先生方、また冊子で紹介された本を積極的に図書室に入れてくださる司書の先生方にも感謝申し上げます。いつもありがとうございます。

結婚し、娘が生まれたことで、日々の出来事を捉えるアンテナの感度が少し細やかになった気がします。妻と娘にも、心からの感謝を。どうもありがとう。いつの日か、娘がこの本を手に取ってくれる日が来ることを、楽しみにしています。

たくさんの本の中で私を育ててくれた父と母に、本書を捧げます。

二〇二〇年六月

丸山　晃

## 本書で紹介した書籍一覧（登場順）

### ◆紡ぐ　言葉×物語

**日本語の歴史**
山口仲美　岩波新書　2006年

**言葉で世界を変えよう――万葉集から現代俳句へ**
茂木健一郎、黛まどか　東京書籍　2010年

**物語ること、生きること**
上橋菜穂子、瀧晴巳（構成・文）　講談社　2013年

**日日是好日――「お茶」が教えてくれた15のしあわせ**
森下典子　新潮文庫　2008年

**読書間奏文**
藤崎彩織　文藝春秋　2018年

**あいまいさを引きうけて――日常を散策する III**
清水眞砂子　かもがわ出版　2018年

**現地嫌いなフィールド言語学者、かく語りき。**
吉岡乾　創元社　2019年

### ◆伝える　人間×ノンフィクション

**フォト・ドキュメンタリー　人間の尊厳**
**――いま、この世界の片隅で**
林典子　岩波新書　2014年

**雲は答えなかった――高級官僚　その生と死**
是枝裕和　PHP文庫　2014年

**国際メディア情報戦**
高木徹　講談社現代新書　2014年

**中東特派員はシリアで何を見たか**
**――美しい国の人々と「イスラム国」**
津村一史　dZERO　2015年

**ルポ　難民追跡　バルカンルートを行く**
坂口裕彦　岩波新書　2016年

**チャップリンとヒトラー――メディアとイメージの世界大戦**
大野裕之　岩波書店　2015年

**エンジェルフライト――国際霊柩送還士**
佐々涼子　集英社文庫　2012年

**鯨人**
石川梵　集英社新書　2011年

### ◆暮らす　家族×鹿児島

**旅をする木**
星野道夫　文春文庫　1999年

**戸村飯店　青春100連発**
瀬尾まい子　文春文庫　2012年

**キャパの十字架**
沢木耕太郎　文春文庫　2015年

**桜島／日の果て／幻化**
梅崎春生　講談社文芸文庫　1989年

**西郷どん！ 上製版 前編**
林真理子　KADOKAWA　2017年

**西郷どん！ 上製版 後編**
林真理子　KADOKAWA　2017年

**走ることについて語るときに僕の語ること**
村上春樹　文春文庫　2010年

**東京大学応援部物語**
最相葉月　新潮文庫　2007年

**パパは脳研究者——子どもを育てる脳科学**
池谷裕二　クレヨンハウス　2017年

**ぼくが子どものころ、ほしかった親になる。**
幡野広志　PHP研究所　2018年

**歌集　ぶどうのことば**
大松達知　短歌研究社　2017年

### ◆学ぶ　学校×先生

**せんせい。**
重松清　新潮文庫　2011年

**16歳　親と子のあいだには**
平田オリザ（編著）　岩波ジュニア新書　2007年

**脳と気持ちの整理術——意欲・実行・解決力を高める**
築山節　NHK出版生活人新書　2008年

**脳が認める勉強法——「学習の科学」が明かす驚きの真実！**
ベネディクト・キャリー、花塚恵（訳）
ダイヤモンド社　2015年

**先生はえらい**
内田樹　ちくまプリマー新書　2005年

**努力論——決定版**
斎藤兆史　中公文庫　2013年

**子どもにかかわる仕事**
汐見稔幸（編）　岩波ジュニア新書　2011年

**質問する、問い返す——主体的に学ぶということ**
名古谷隆彦　岩波ジュニア新書　2017年

**名画と読むイエス・キリストの物語**
中野京子　文春文庫　2016年

◆訪れる　岩手・宮城×沖縄

**はじめての沖縄**
岸政彦　新曜社　2018年

**今なお、屍とともに生きる**
**――沖縄戦嘉数高地から糸数アブチラガマへ**
日比野勝廣　夢企画大地　2008年
※入手に関してはラグーナ出版へお問い合わせください

**宝島**
真藤順丈　講談社　2018年

**宮沢賢治――存在の祭りの中へ**
見田宗介　岩波現代文庫　2001年

**春を恨んだりはしない――震災をめぐって考えたこと**
池澤夏樹、鷲尾和彦（写真）　中公文庫　2016年

**壬生義士伝　上**
浅田次郎　文春文庫　2002年

**壬生義士伝　下**
浅田次郎　文春文庫　2002年

**紙つなげ！　彼らが本の紙を造っている**
**――再生・日本製紙石巻工場**
佐々涼子　ハヤカワ・ノンフィクション文庫　2017年

◆働く　仕事×社会

**この世でいちばん大事な「カネ」の話**
西原理恵子　KADOKAWA／角川文庫　2011年

**仕事道楽　新版――スタジオジブリの現場**
鈴木敏夫　岩波新書　2014年

**財政から読みとく日本社会――君たちの未来のために**
井手英策　岩波ジュニア新書　2017年

**助けてと言えない――孤立する三十代**
NHKクローズアップ現代取材班（編著）　文春文庫　2013年

**僕はミドリムシで世界を救うことに決めた。**
出雲充　小学館新書　2017年

**NASAより宇宙に近い町工場――僕らのロケットが飛んだ**
植松努　ディスカヴァー携書　2015年

**未来の年表――人口減少日本でこれから起きること**
河合雅司　講談社現代新書　2017年

◆考える　葛藤×哲学

**自分の中に毒を持て――あなたは〝常識人間〟を捨てられるか**
岡本太郎　青春文庫　1993年

**迷える者の禅修行――ドイツ人住職が見た日本仏教**
ネルケ無方　新潮新書　2011年

**ハーバード白熱日本史教室**
北川智子　新潮新書　2012年

**人生の授業**
木村達哉　あさ出版　2015年

**世界初をつくり続ける東大教授の「自分の壁」を越える授業**
生田幸士　ダイヤモンド社　2013年

**大人のための社会科――未来を語るために**
井手英策、宇野重規、坂井豊貴、松沢裕作　有斐閣　2017年

**人間はどこから来たのか、どこへ行くのか**
高間大介（NHK取材班）　KADOKAWA／角川文庫　2010年

**哲学してもいいですか？――文系学部不要論へのささやかな反論**
三谷尚澄　ナカニシヤ出版　2017年

**◆想う　人生×共感**

**モモ**
ミヒャエル・エンデ、大島かおり（訳）　岩波少年文庫　2005年

**悪人　新装版**
吉田修一　朝日文庫　2018年

**木洩れ日に泳ぐ魚**
恩田陸　文春文庫　2010年

**アントキノイノチ**
さだまさし　幻冬舎文庫　2011年

**人質の朗読会**
小川洋子　中公文庫　2014年

**晴天の迷いクジラ**
窪美澄　新潮文庫　2014年

**あん**
ドリアン助川　ポプラ文庫　2015年

**◆旅をする1　世界×多様性**

**旅に出よう――世界にはいろんな生き方があふれてる**
近藤雄生　岩波ジュニア新書　2010年

**世界一周！　大陸横断鉄道の旅**
櫻井寛　PHP新書　2005年

**ぼくはアメリカを学んだ**
鎌田遵　岩波ジュニア新書　2007年

**アフリカにょろり旅**
青山潤　講談社文庫　2009年

**滅びゆくことばを追って――インディアン文化への挽歌**
青木晴夫　岩波書店　同時代ライブラリー　1998年

**カラー版 パタゴニアを行く——世界でもっとも美しい大地**
野村哲也　中公新書　2011年

**嘘つきアーニャの真っ赤な真実**
米原万里　KADOKAWA／角川文庫　2004年

**すてきな地球の果て**
田邊優貴子　ポプラ社　2013年

**インパラの朝——ユーラシア・アフリカ大陸684日**
中村安希　集英社文庫　2013年

**◆旅をする2　日本×追憶**

**統ばる島**
池上永一　KADOKAWA／角川文庫　2015年

**しれとこライブラリー3　知床のほ乳類II**
斜里町立知床博物館（編）　北海道新聞社　2001年
※絶版

**故郷忘じがたく候**
司馬遼太郎　文春文庫　2004年

**日本のゴーギャン　田中一村伝**
南日本新聞社（編）　小学館文庫　1999年

**ディズニーランド　成功のDNA**
ホリテーマサロン　テーマパーク研究会　PHP研究所　2014年

**坊っちゃん**
夏目漱石（各社より文庫版あり）

**女の一生——二部　サチ子の場合**
遠藤周作　新潮文庫　1986年

**わたし琵琶湖の漁師です**
戸田直弘　光文社新書　2002年

丸山　晃（まるやま・あきら）
1979年長野県生まれ。京都大学大学院文学研究科修士課程修了。言語学を専攻し、ネイティブ・アメリカンの言語に取り組んだ。自転車で旅をしている途中で母校に奉職し、2005年よりラ・サール中学校・高等学校英語科教諭。自転車や徒歩によるものも含めて旅が好き。現在は、一緒に旅ができる日を心待ちにしつつ子育てを楽しんでいる。本書が初めての単著となる。共著に『夢をかなえる英作文　新ユメサク』。2019年度、NHKテキスト「ラジオ英会話」誌上にて「英語教師が考える英語学習のエッセンス」を連載。

# 旅をする本
## ――開こう、心おどる読書の扉

二〇二〇年七月七日　第一刷発行
二〇二一年一月十八日　第二刷発行

**著者**　丸山　晃
**発行者**　川畑善博
**発行所**　株式会社ラグーナ出版
〒八九二－〇八四七
鹿児島市西千石町三－二六－三F
電話　〇九九－二一九－九七五〇
URL http://www.lagunapublishing.co.jp/
e-mail info@lagunapublishing.co.jp

**カバー裏写真撮影**　丸山　晃
**ブックデザイン**　都築　純（W.H.O）

印刷・製本　シナノ書籍印刷株式会社
定価はカバーに表示しています
乱丁・落丁はお取り替えします
ISBN978-4-904380-95-6 C0095

活字で利用できない方のための
テキストデータ請求券
『旅をする本』
ラグーナ出版